チャイニーズ・ジャパン

秒読みに入った中国の日本侵略

Chinese Japan

産経新聞
論説副委員長
佐々木類

ハート出版

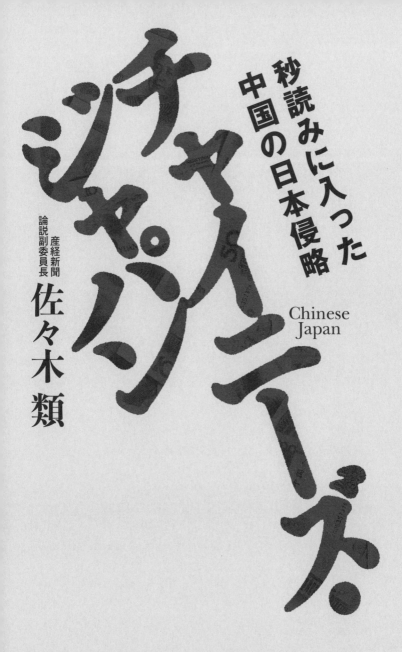

はじめに

中国による「静かなる侵略」は最終章を迎えたのではないか。残念ながらそう思わざるを得ないのが、日本の現状である。緻密に計画された浸透工作により、政界、財界、地方自治体、大小のメディア、古都の京町家、老舗《しにせ》温泉旅館、山林、繁華街の一角といったあらゆる面で、日本が赤く染まって後戻りできないところまで来てしまっている。

政界では、先の自民党総裁選を通して河野太郎衆院議員の親族企業が中国と深い関係にあることが浮き彫りになった。河野氏は自身の政治活動に何ら問題ないと語るが、それを額面通り受け止めることはできない。中国は二〇二一年六月に反外国制裁法を施行しており、日本政府が中国の人権問題や覇権主義的な態度を批判したりすれば、河野氏の親族企業も、資産凍結や施設の没収などの制裁対象になりかねない。それを犠牲にしてまで、日本と日本人のためにすべてを優先した外交や国防政策が遂行できるのか、はなはだ疑問だ。こうした問題を記者会見で率先して聞こうともしない記者クラブ詰めの大手メディアもだらしない。この問題を取り上げ、政治活動への影響を否定する根拠を問いただしたのは、産経新聞の僚紙「夕刊フジ」の記者だった。

五年以上も幹事長職にあった二階俊博氏の存在も、いかに日本の政界が中国に籠絡《ろうらく》されているかを思い知らせてくれた。安倍晋三元首相の特使として訪中した際の二階氏の振る舞いは、同じ日本人として大変恥ずかしいものだった。習近平国家主席との面会で、一生懸命メモをとる光景は、先生と生徒の師弟関係を想起させたからだ。安倍元首相がトランプ米大統領と日米同盟を強化していく中、日中間の架け橋として一定の役割を果たした二階氏の貢献を頭から否定するものではないが、中国側に与えたメッセージは、「日本、与《くみ》しやすし」というものではなかったか。

かつて、政治記者として外務省を担当していたとき、チャイナスクール（中国語を研修言語とした外交官）出身の中国課長が言ったことが忘れられない。

「中国首脳にね、おべんちゃらを言っても意味がないんですよ。なめられるだけ。ズバズバ思ったことを言うことが大事。相手が嫌がることを言えば言うほど、逆に信用されて、こちらの話に耳を傾けるようになる」

実際、この当時、中国共産主義青年団が来日した際、外務省記者クラブ（霞クラブ）詰めだった筆者は、会社の命令で彼らを案内したことがある。事前の調整でお会いした加藤良三アジア局長（当時）から、「なぜ、産経さんが、こんな共産党バリバリの人たちをアテンドしているの？」と聞かれ、自分もなぜなのか分からず、答えに戸惑った。すると加藤局長が「彼らに聞いてみたら」と興味深げに言うので、実際に聞いてみた。

当時は、現在の李克強首相が青年団長を務めていたので（一九九三年五月〜一九九八年六月）、李氏がその場にいたかどうかは今となっては定かではないが、加藤局長との面会を終えた後、外務省内の廊下で先頭を歩いていた青年団の代表と思《おぼ》しき人に聞くと、すぐさま、こう答えが帰ってきた。

「産経新聞さんはね、わたしたちに厳しいことばかり書くけど、本音を隠さないから信用できるんです。だから、アテンドをお願いしました」

このときは「一本取られた」と思った。そう来るのかと。まさに大人《たいじん》の風情《ふぜい》だが、こうやって相手を籠絡させていくのだろうと思うと、日中関係は一筋縄ではいかないと実感したものである。用意された答えなのか、当意即妙によるものだったのか、あるいは本心からそう言ったのかは知るよしもないが、こんな雑談であっても、彼らは「政治」をやっていたのである。

そんな中国を訪れて歓待でもされれば、どんな政治家も、財界首脳も、学者らも、自尊心をくすぐられるなどしてイチコロになるであろうことは想像に難くない。マネートラップ、ハニートラップ。彼らの提供する「飴《あめ》」をしゃぶったが最後、それは弱みとなり、ユスリの対象となるのである。ひとたび関係を結んで甘い蜜を吸えば、切っても切れない縁となり、麻薬中毒の患者のように、泥沼にはまり込んでいくのである。

日本の財界も中国市場に目がくらみ、一朝事《いっちょうこと》が起きた場合、駐在員とその家族、企業の財産や施設が人質となるリスクを正面から見ようとしないで、中国への投資に熱を上げる。そこには、「安全保障は米国に、経済は中国と」という甘えの構図が横たわる。もうそんな時代は終わったことに気づくべきである。急な方向転換はできないまでも、覇権を目指す中国とのデカップリング（切り離し）は、それが緩やかなものでしか進められなくても、二十一世紀を生き抜くためには優先して取り組むべき課題なのである。

日本の学会が中国寄りであることは今に始まったことではないが、日本学術会議の任命問題で、それがより一層鮮明になった。軍事研究を否定しながら、軍民融合を唱える中国科学技術協会と技術協力を目的とした覚書を締結していたのである。新型コロナウイルス対策では、何ひとつ効果的な提言をするわけでもなく、国家と肩書に甘え、特権意識を振りかざしていた姿は情けない。彼らを後押しして菅義偉《すがよしひで》政権を責めたてた、朝日新聞をはじめとする大手メディアも、筆致が徐々に鋭さを失っていったのは、政権の横暴だと批判する学術会議の主張に無理があり、世論の支持が得られないことが明白になったからである。

令和三（二〇二一）年はコロナウイルスの影響で、ひところ盛んだった中国人観光客による爆買いや、中国系資本によるタワーマンション、水源地である森林、空港や防衛施設周辺の土地、老舗旅館や京都の京町家や花街などの買い漁《あさ》りは鳴りを潜めたが、水面下ではまたぞろ、ポスト・コロナを見込んで、こうした動きが復活しつつある。

令和三年六月、外国資本による土地取得を規制する法律がようやく成立したが、安全保障の観点からは、まだまだ不十分である。この法律は、外国人は日本の土地を買うことができないというものではなく、あくまでも、その利用行為に限って制限を加えたものに過ぎないからだ。

国内にあっては、土地、建物、日本人の心までも奪われ、奪われていることにも気づかずに、観光客目当てに中国共産党と友好ごっこに身をやつす地方自治体の存在がある。尖閣諸島への軍事的挑発は他人ごとか。香港を殺した中国と、台湾有事になっても友好関係を維持できるとでも思っているのだろうか。いったいどんな利益供与を受ければ、中国の甘言に乗って「親善交流」などという美名に前のめりになれるのだろうか。旗振り役の首長らに聞いてみたいものだ。

問題意識のかけらもないような首長らもそうだが、日本には、政界、官界、財界、学会等々、中国にとって都合の良い「役に立つバカ」が多いから救い難い。バカでも役に立つのなら結構なことではないかと考えるとしたら、それは大変危険な発想である。

なぜなら、役に立つバカとは、無邪気にも、自分では良かれと思ってやっていることが、実は特定の政治勢力に利用されている人物や勢力を意味するからだ。冷戦時代、西側諸国の親ソ連派らを指す政治用語として使われた。東側諸国は彼らを厚遇しながら、その実、冷笑の対象としていた。現在はさしずめ、中国との友好協力に熱を上げる人々や団体がこれに当たる。

厄介《やっかい》なのは、役に立つバカの力は侮《あなど》り難く、時に国家の針路を誤らせ、国民の生命と財産を危険にさらすかもしれないことだ。そんな「役に立つバカに気を付けろ」と警鐘を鳴らす報告書が、令和三（二〇二一）年九月に公表された。

フランス陸軍士官学校研究センター（ＩＲＳＥＭ）の「中国による影響力行使作戦」である。作戦の肝は、浸透工作である。標的とする勢力に静かに入り込み、工作対象にされた当人も知らぬまに中国共産党への理解者にさせていく手法だ。旧ソ連共産党やロシアが得意とする手口でもあるという。籠絡した相手を使い、党の利益に反する勢力や人物の言動を妨《さまた》げて排除する。対象相手国での世論の分断工作も、影響力を行使する上での重要な任務だ。

報告書は、在外華人や外国における中国共産党への協力者を使った宣伝や、国際機関への浸透工作、インターネットの情報操作の実態を分析している。司令塔は党の「統一戦線工作部」だ。内外の敵を排除し、党の権威に挑戦する勢力に世論戦、心理戦、法律戦の「政治戦争」を仕掛け、そうした勢力の破壊工作のほか、信用失墜工作にいそしんでいるという。これらの作戦を静かに遂行するために中国共産党が熱心なのが、冒頭の「役に立つバカ」のリクルートなのだと報告書は書く。政治面では、影響力のある与野党の議員や引退した政治家、大手メディアを利用する。経済面では、中国への経済的依存度を高めさせ、禁輸措置や貿易での制裁、民衆を扇動した不買運動などを仕掛け、多くの企業を屈服させるという。

教育面では、海外の大学で、中国人留学生を使って同じ留学生や教員、大学当局を監視するほか、中国共産党に批判的な研究者の処罰を求めたりしていると指摘している。

共同研究と称し、他国の知識や先端技術を盗んでいるのも問題だという。軍事と民間技術の融合を掲げる中国相手に、知らず知らずのうちに、大量破壊兵器や先端軍事技術、中国人民を弾圧するための監視技術の開発に協力してしまっている研究者もいるという。

純粋な研究だと信じて中国に渡った者もいるだろうが、中国当局から見たら、大枚で釣った、典型的な役に立つバカのたぐいであろう。報告書はまた、中国は沖縄や仏領ニューカレドニアで独立派の運動を煽っていると指摘している。独立派を中国に招いて、学術交流を促す動きなどがあると列記している。いずれも国家の安全保障に関わる由々《ゆゆ》しき問題である。中国のような権威主義国家にとって「役に立たぬ利口者」でいられるかどうかが今、問われている。

折しも世界は、自由と民主主義、基本的人権の尊重という普遍的価値観を共有する米国など西方世界と、中国による覇権争いの真っただ中である。この中にあって、日本だけがイソップ物語に出てくる卑怯なコウモリのような、どっちつかずの外交をして「美味《おい》しいところ取りしよう」などと考えることは、もはや許されない。

むろん、地理的に中国と近く、軍事的に直接の脅威にさらされている日本が、対中政策をめぐり、欧米とすべての面において足並みをそろえることは不可能であろう。しかし、相手はウイグル人などへのジェノサイド（民族大量虐殺）を厭《いと》わない、冷酷無比の中国共産党独裁国家である。決してブレてはいけない。先人が築いてきた日本の文化と歴史、連綿と続く皇室の伝統を子々孫々に残す断固たる決意こそが求められるのである。そうであれば、日本がどう中国と向き合っていくのか、自ずと答えは見つかるはずである。外交や安全保障政策において、つまらぬ妥協や政治家の保身による譲歩は国家百年の計を誤る。日本はまさに、ウイグルや軍事弾圧されたチベット、南モンゴルと同様に、国家として、存立の危機に立たされていることに気づくべきである。

世界地図から消えるのは一瞬である。中国は砂を撒くように人民を海外に派遣し、乗っ取りを図る。同時に、あらゆる手段を使った洗脳工作も、お手の物だ。目に見えるものだけが現実ではない。日本は特異の独立した文明を育んできた（『文明の衝突』サミュエル・ハンチントン著）民族国家として、その事実に気づかねばならないのである。

そんな中国による「静かなる侵略」への警戒を怠れば、あっというまに中国に飲み込まれて、日本という国が地図から消えてしまう。そうなってからでは遅い、という警鐘を鳴らす思いで、本著のタイトルを『チャイニーズ・ジャパン』とした。

いま、世界で何が起きているのか。日本国内で何が起きているのか。この書は「静かなる日本侵略」シリーズ（ハート出版）の第四弾である。中国による「静かなる侵略」は最終章だが、まだ間に合う。日本には経済力もあれば知恵も勇気もあるからだ。人口が減っても慌てることはない。少ないなら、少ないなりの最適解は必ずある。読者とともに、この国の行く末を考えるきっかけになれば幸甚である。

チャイニーズ・ジャパン　もくじ

第一章　日本の過疎地が狙われている！

東かがわ市と北京市海淀外国語実験学校

白い三階建ての校舎が二棟、のどかな里山にひっそりとたたずんでいた。令和二（二〇二〇）年三月末に閉校した東かがわ市立福栄小学校である。今もなお、「活力あふれる福栄小っ子」という大文字が校舎正面に貼られている。耳を澄ますと、昼休みに校庭で遊ぶ子供たちの歓声が聞こえてきそうでもある。

旧福栄小は明治二十五（一八九二）年の開校以来、農業や手袋産業に従事する家庭の児童が通ってきた。だが、多くの過疎地がそうであるように年々児童数が減ってきたことから、令和二年四月一日から東かがわ市立白鳥小中学校に統合され、卒業生らに惜しまれながら一二八年の歴史に幕を閉じた。

旧 福栄小学校
＝ 2021.7.18、香川県 東かがわ市（筆者撮影）

閉校から一年四カ月経った令和三（二〇二一）年七月十八日、朝早い便で東京・羽田空港をたち、小一時間ほどで香川県高松市郊外にある高松空港に到着した。香川県東部に位置し、瀬戸内海に面した東かがわ市中心部から、車で約十分ほど南に行ったところに旧福栄小はあった。この廃校が中国との交流をめぐり、街全体を揺るがす舞台として登場するのだが、まずは東かがわ市とはどんな街なのかを見てみたい。

東かがわ市は人口約二万九千人と市としては小規模で、海と山に囲まれた自然豊かな地方都市である。手袋産業としては国内最大の産地で、一三〇年の歴史がある。革やニットから最先端の高機能繊維まで、繊細で卓越した職人技による縫製技術で、スポーツや消防などの機能的なものから、手軽で低価格なものまで、さまざまな手袋を作っている（日本手袋工業組合のホームページより）。

現在では、国内企業が製造する手袋の約九〇％を、東かがわ市を中心とした香川県内の企業が手がけている。最近では、東京五輪で金メダルをとったフェンシング男子エペ団体の選手らが使用していたグローブが、東かがわ市製の手作りのものだった。

先に述べたように、そんな街の郊外にある旧福栄小には開校以来、手袋産業や農業に従事する家庭の児童が通ってきたが、住民の流出で児童が減り続け、閉校した。一見、何の変哲もない地方の廃校だが、令和二年春、校舎の跡地利用をめぐり、地元住民を巻き込む大騒動の舞台となった。国際交流の美名のもとに、外国人生徒や児童らが大挙してやって来るというのだ。自由や民主主義といった普遍的な価値観を共有する欧米諸国や東南アジア諸国などの国々ではない。よりにもよって、ウイグル人や香港などを弾圧して国際社会から批判や制裁を受けている、中国共産党幹部の子弟らが通うエリート学校だというのだから、驚かぬ方が無理がある。

激震が走ったのは、令和元（二〇一九）年十二月のことだ。東かがわ市議会定例会の一般質問で、幸福実現党の宮脇美智子市議がこの問題を取り上げ、初めて住民の知るところとなったのである。

幸福実現党の宮脇市議
（公式ホームページより）

宮脇市議は同年四月に市議に初当選した。その後、一部の住民を除いて多くの市民に実情が知らされないまま、福栄小が交流先の中国エリート学校に宿泊施設として無償で貸し出されようとしていたことを知って、愕然とする。実現すれば、福栄小を拠点とした中国の前進基地が誕生することになるからだ。廃校を隠れ蓑《みの》にした中国共産党の拠点化である。それ以来、一年以上にわたり、中国との交流を手がける市執行部や市議会推進派を

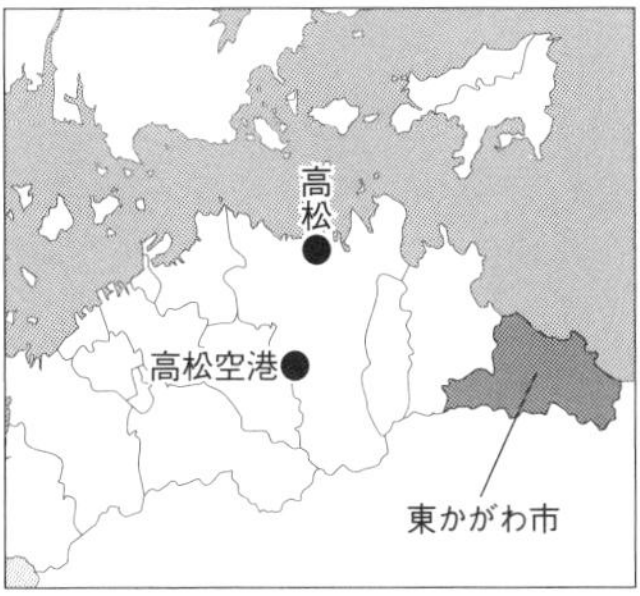

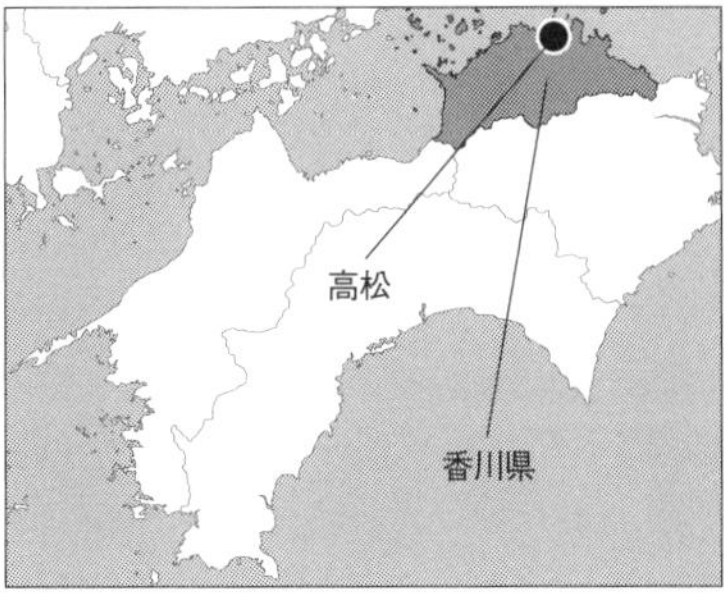

相手に、壮絶なバトルを展開することになる。
これは、東かがわ市という一地方に限った話ではないと思われるところが、日本という国家が抱えている問題なのである。少子化が進んで全国で小中学校の閉校が続き、再利用されていない廃校が多数残っているのも、中国側が食指を伸ばす背景になっている。これらのリストを中国側は当然、入手して、計画的に拠点化づくりを進めていると見た方がよい。
文科省によると、児童生徒の減少により平成十四（二〇〇二）年度から二十九（二〇一七）年度に発生した廃校数は七五八三校。このうち、取り壊されたりせずに施設が現存している廃校は、平成三十年五月一日現在、六五八〇校で、活用されているのが七四・五％に当たる四九〇五校、活用されていないのが一六七五校だ。
活用されている廃校は、社会教育施設や社会体育施設等の公共施設のほか、体験交流施設や福祉施設、企業による使用など多岐にわたる。近年では地方公共団体と民間事業者とが連携し、創業支援のためのオフィスや地元特産品の加工会社の工場として廃校施設が活用されるなど、地域資源を活かし、地域経済の活性化につながるような活用も増えてきている。

東かがわ市でも、先の旧福栄小学校のほか、旧市立引田《ひけた》中学校跡地の体育館が、チョウザメの養殖場である「つばさキャビア・センター」として利用されている。跡地利用のあり方を視察するため、筆者も直接、現地で確認してきた。活用されていない廃校は、地元からの要望がなかったり、建物が老朽化していたりすることなどが主な理由となっている。

廃校の実態を見れば分かるように、東かがわ市で起きている問題は、全国で似たような環境にある自治体で起こり得る、あるいは、水面下ですでに着々と起きているかもしれない動きを象徴する話なのである。だからこそ、その危険性について一人でも多くの国民と思いを共有したいとの思いで、ここに報告している。

問題の根が深いのは、受け入れる日本側が、相手の真意を深く探ろうともせず、無邪気にも、中国共産党の別動隊とも言える組織を、喜んで手招きしていることだ。

コロナ禍の影響や反対運動もあって、東かがわ市は少なくとも現時点で、このエリート学校の旧福栄小での拠点化は中止と決定し、また交流もしないとしている。だが、来年度以降は交流再開に含みを持たせており、地元住民は疑心暗鬼になっている。つまり、この問題は決して終わっていないのだ。

令和三（二〇二一）年九月中旬、知人がこのあたりの経緯について、中国側の学校へ国際電話でさりげなく聞いてみたところ、こんな答えが返ってきた。

「地元の反対？　知っていますよ。でも、影響はありません。東かがわ市の拠点化は、今後も進めていきます」

中国屈指のエリート養成学校

東かがわ市執行部と市議会の推進派が惚れ込んだ学校とは、北京市にある北京市海淀《かいでん》外国語実験学校（海淀学校）である。先に中国共産党のエリート学校と書いたが、いったいどういう学校なのか、詳しく見ていきたい。

海淀学校の公式ホームページ（https://www.bjfles.com/）などによると、「海淀外国語教育グループ」の傘下で、一九九九年に北京市海淀区人民政府の承認を受けて設立された、全寮制の幼稚園、小学校、中学校、高校の一貫校だ。二十八万平方メートルの広大な敷地に校舎、寄宿舎、スポーツ施設、動物園まであるという。くだんの北京市海淀外国語実験学校がどんな学校かを紹介する前に、まずは全体像を見てみたい。

まず、海淀外国語教育グループだが、ここには、北京市海淀外国語実験学校、北京市海淀国際学校、北京市海淀外国語実験学校付属幼稚園、北京市海淀外国語実験学校武漢キャンパス、北京市海淀外国語実験学校海南キャンパスがある。詳細は未確認だが、海淀学校のホームページや国立研究開発法人「科学技術振興機構」が運営するサイト「サイエンスポータル・チャイナ（https://

spc.jst.go.jp/experiences/education/education_1807.html)」などによると、米国東部のニュージャージー州、ミシガン州、南部ノースカロライナ州にも支部があり、英国やオーストラリアなど計十三カ所に言語実習施設を有しているという。

この海淀学校がある「海淀区」だが、北京市中心部の北西に位置しており、中国初の「自主創新モデル地区」と位置づけられている（海淀区人民政府資料 http://japanese.beijing.gov.cn/investinginbeijing/WhyBeijing/DistrictsParks/Haidian/）。科学技術分野の発展を目指した、国家レベルの特区である。

ここは、「中関村《ちゅうかんそん》国家自主創新モデル区」の中核エリアであり、首都における全国科学技術革新センター建設計画の中核エリアでもある。この海淀区にある「中関村サイエンスパーク」は、中国を代表するイノベーション特区で、北京大学や、習近平国家主席の母校である清華大学に代表される高等教育機関が四十以上もひしめき合い、中国科学院など各種国立研究機関が二〇〇以上、林立する地域だ。

アメリカの経済誌フォーチュンによる、二〇二〇年版の世界企業番付「フォーチュン・グローバル５００」には中国本土の企業一一七社もランクインしているが、この５００に含まれる、米企業など二〇〇社以上の企業が、中関村に拠点を持っている。中関村全体では、ハイテク企業数一万六千社、総従業員数二八〇万人、総売上額八十五兆円、ベンチャーキャピタル投資額一・六兆円、全国イノベーション投資総額に占める割合は四〇％を超えるという（中関村概要２０１６

https://www.vipo.or.jp/u/180308_2.pdf)。

さて、読者のみなさんも、グループの全体像や海淀学校が立地する場所の、おおよそのイメージが湧いただろうか。中国版のシリコンバレーである。言わずと知れた米カリフォルニア州にあるIT企業のメッカである。この海淀学校の全校生徒は約六千人。このうち約二六〇人が日本語を学んでいる。教員は、日本やドイツ、フランスなど海外から呼び寄せて約千人。学費や寮費は、三歳児で年間五〇〇万円、小学生は年間二〇〇万円かかる。二歳児から入園させ、三歳児から入寮する。IT（情報技術）、語学、芸術、スポーツ分野での英才教育に力を入れている。

まるで人民解放軍の予備校

何と言っても特筆すべきは、この学校における、人民解放軍さながらの軍事訓練だろう。彼《か》の国のことだから、それが児童、生徒相手であろうと、軍事訓練をやらせることに驚きはしないが、いくら何でも日本の義務教育の、それも公立の小中学校のカウンターパートとして、交流する相手としてふさわしいとは思えない。彼らの隊列行進を見ていると、戦車やミサイル搭載車両がないだけで、まさに人民解放軍の予備校というか、予備隊というか、男子生徒も女子生徒も、本物の軍隊と見まごうばかりの勇ましさだ。ただ、動画を拡大してよく見ると、まだ顔はあどけなく、体も全体的に細く、軍服もぶかぶかで、お世辞にも似合っているとは言い難い。運動の苦手な秀才が、学校の方針で無理にやらされている感もある。

海淀学校のホームページに動画があるので、それを紹介する〔https://www.bjfles.com/image/中学开学典礼暨国防教育成果展示(2018-2019)〕。校内の陸上競技場で行われた軍事パレードを観閲するための正面貴賓席の大きなパネルには、「北京市海淀外国語実験学校」の文字の下に、「2018-2019学年中学部開学典礼　暨国防教育成果展示」とある。「中学生による国防訓練の成果発表会」といった感じか。

司会進行は、年配の女性が中国語で、それに続き海淀学校の学生と思われる男性が英語で行った。東かがわ市が英語教育が盛んなことを理由に、英語を母国語とする国ではなく、英語教育の向上に向けて、あえて海淀学校との交流推進を図ろうとした理由をかいま見た。生徒らはあいさつで、手元の原稿を読み上げる形でぺらぺらと英語を操るが、やはりそこは第二外国語である。英語ネイティブにはない、強いアクセントが印象的である。国際社会に羽ばたこうとする義務教育の日本人児童や生徒が、何も好んで英語を学ぶ相手ではなかろう。

いよいよ軍隊式パレードの始まりだ。海淀学校は、中国と西洋の融合を意味する「中西調和」をモットーとしている通り、西洋の乗馬スタイルの一団が通った後、人民解放軍に似せた軍服姿で銃を抱えた一団が、足をピンと伸ばして通り過ぎていく。天安門広場前で行われる行進そっくりだ。と思って動画に目を凝らしていると、今度はアメリカ風マーチングバンドのお出ましだ。本場を彷彿とさせるなかなかの演奏で、フォーメーションもばっちりだ。ただ、中西調和というより、洋の東西が混ぜこぜになった印象だ。その後は次から次と、迷彩服の子供たちが一生懸命、顔を貴賓席に向かって斜めに向け、敬礼しながら通り過ぎていく。太極拳の衣装を身に着けた一団もいた。迷彩服姿の生徒のマスゲームはなかなか本格的だ。本物の「武警」の盾と警棒を使って人民を制圧するパフォーマンスである。

極めつけは、特殊部隊の演武である。顔には迷彩のペイントを施し、黒い半袖シャツに迷彩色の

動画の冒頭場面
（海淀学校のホームページより）

人民解放軍さながらの入場行進
（海淀学校のホームページより）
※画像の一部を加工〔以下同〕

顔に迷彩ペイントを施した特殊部隊風の生徒たち
（海淀学校ホームページの動画より）

写真は上から、
①迷彩服姿で入場行進する男子生徒（右）と女子生徒（左）
②女子生徒による、ナイフで敵を刺殺するパフォーマンス
③男子生徒による、「武警」の盾と警棒を使ったパフォーマンス
④素手で相手を「制圧」する、特殊部隊を模したパフォーマンス。
（すべて海淀学校ホームページの動画より）

戦闘用ズボン。素手で相手を制圧する、マーシャルアーツ（武芸）のお披露目だ。これまた威勢は良いが、ぎこちない。ただ、このうちの一部は実際に、海外のさまざまな分野で、民間人や非戦闘員を装いながら、中国共産党の意向を体現していく立派な工作員になっていくのだろう。

一党独裁の権威主義国家による洗脳教育ほど、恐ろしいものはない。もちろん皮肉で言うのだが、東かがわ市が海淀学校との交流を再開するというのなら、いっそのこと訪問先の中国で、日本人の児童や生徒たちにもこうした軍事訓練を受けさせて、自分の国は自分で守るのが当たり前だという世界の常識を「教育」してもらうのも一案だろう。

きっかけは「香港」

東かがわ市が海淀学校と交流を始めたきっかけは、同市の市議らが所属するソフトボールチームが香港のソフトボールチームとの交流を始めた平成二十七（二〇一五）年までさかのぼる。市議の一人が、香港のチームを東かがわ市に招待したという。四十年前に「訪中青年の船」で参加したときの日本人の仲間が、香港のチームに在籍していたのが縁だ。このチームが海淀学校とつながっていた関係で、三十年に市と海淀学校の交流が始まった。市議は、随分と前から中国との交友があったわけだ。

ここで指摘しておかねばならないのは、東かがわ市と香港のソフトボールチームが交流を始めた二〇一五年という年だ。すでに、民主化を求める雨傘革命（二〇一四年九月二十六日〜十二月十五日）と呼ばれる民主化運動が活発化し、香港警察が香港市民に催涙弾を発射するなど大きな混乱に見舞われていた時代ということである。

香港政府が二〇一一年に、義務教育に中国中央政府に対する愛国心を育成する愛国教育を加えようとしたことに対し、学生たちから「洗脳教育」への強い反発が起きていた。こうした動きが伏線となり、香港特別行政区行政長官選挙をめぐって、普通選挙を求めて香港市民が立ち上がった時期なのである。いわば、香港で民主化を求める市民や学生と、中国式に押さえつけようとする香港政府の対立が先鋭化していたころだ。

こうした時期に、中国本土と太いパイプのある香港ソフトボール協会と付き合い、なおかつ海淀学校を紹介されてその気になったというのだから、いくら草の根交流とはいえ、市も市議会も、国際情勢にあまりに疎《うと》いのではなかろうか。ソフトボールは大人どうしの交流だったが、海淀学校の相手は、市の義務教育課程にある小中学生なのである。

しかも、疎いどころか、完全に相手側に取り込まれていることを示すエピソードがある。

「地元が賛成している。お前は何を言いよるんや！　これからは中国の時代ではないか！　中国と交流しないと、東かがわ市のような過疎地はやっていけんのや！」

香港との交流に熱心な動きを見せる市議会を憂慮した地元住民が、当時はまだ現役だった東かがわ市議（自民党）に対し、香港のソフトボールチームとの交流は慎重にすべきではないかと提言したところ、こう反論されたという。
要望を伝えた住民の一人は、筆者の取材に対して、「東かがわ市は手袋産業が盛んで、中国とのビジネスも長い。そのせいか、伝統的に中国に甘いという東かがわ市の体質はかねて分かってはいたが、今回ばかりは、中国の毒がかなり回っている印象だ」と語った。

さて、こうして平成二十九（二〇一七）年、東かがわ市内の小中学生と海淀学校の交流が始まった。翌三十年七月十日から十六日までの一週間、海淀学校の中学二年生二十人と教師が、農業や漁業の体験を行うため、東かがわ市を訪問し、藤井秀城《ひでき》市長（当時）が表敬訪問を受けた。これをきっかけに、海淀学校側から東かがわ市を「日本進出の拠点にしたい」との打診があり、九月には海淀学校の理事長が市を視察した。十一月、海淀学校側に招待された市議会議員団が訪中し、北京市の海淀学校を視察した。この際、市議団は海淀学校の理事長から「日本で初めての海淀学校の海外基地にしたい」との申し出を受けた。翌十二月に今度は、東かがわ市の児童と生徒が訪中した。

東かがわ市の上村一郎市長
（公式ホームページより）

交流は活発化し、令和元年七月八日から十八日まで、今度は海淀側の小学生二十八人、中学生二十五人が市内を訪れ、上村《うえむら》一郎市長と竹田具治《ともはる》教育長を表敬訪問している。自民党参院議員の磯崎仁彦《よしひこ》官房副長官の秘書だった上村市長は、まだ元号が変わる前の平成三十一年四月の選挙で市長選に出馬して当選した。県内では史上最年少の首長だった。

元号が令和に変わった六月には、海淀学校が東かがわ市を訪れた際の宿泊施設にするため、福栄小に隣接する「福栄やまびこ園」を改装し、翌七月に受け入れた。だが、せっかく内装を新しくしたのに、宿泊しに来た海淀学校側から「塗りたてのペンキのにおいが臭い」とのクレームがつき、急きょ市内のホテルに宿泊先を変更したという。

また、食事が必要ということで、地域住民が炊き出しを行ったのだが、特に地元の子供たちや住民と何か交流をしたというわけでもなく、「飯炊きに使われただけ」（住民談）という状況で、しらけた空気が漂ったという。

その後、十月になると、湖北省武漢市にある海淀武漢校の視察団が東かがわ市を訪れて、市内あちこちを視察した。

上村市長、竹田教育長と市議団が海淀学校側と深い関係になっていったのは、初めて海淀学校を視察した平成三十（二〇一八）年十一月がきっかけだ。この同月十八日から二十一日までの短期間の視察をきっかけに、海淀学校創立二十周年を記念して、北京に招待された翌令和元（二〇一九）年十月には、二回目となる海淀学校視察を行っている。

この際、訪中した市議の一人によると、中国側が主催したレセプションパーティでは、「赤絨毯《じゅうたん》で迎えられ、いままで見たことのないような料理が机いっぱいに並べられていた。別のテーブルには、英国やドイツから招かれた人たちもいて、国際色ゆたかだった。食事をしていると、美しい衣装を着た踊り子たちがテーブルまで来て私たちの手を取り、その場で輪になって踊ったりして、楽しかった」という。

翌日の記念式典コンサートでは、「生徒たちがオーケストラやダンスなど、日ごろの練習の成果を存分に発揮していた。海淀学校との交流には疑問を持っていたが、こういうしっかりした学校なら、交流を深化させても構わないかもしれないと、その時は思ってしまうほどの接待ぶりだった」という。

筆者は二〇〇三年ごろ、北朝鮮の核やミサイル問題を協議する六カ国協議を取材するため、何度か北京を訪れたが、中国当局による接待とは無縁だった。ただ、今にして思えば、日本側取材団の宿舎となっていた天安門広場近くの「何とか大飯店」というホテルの一階ロビーには、夕刻ともなると身長一七〇センチはあろうかという美女が、十数人はいただろうか。彼女たちは、美脚を見せつけるようなスリットのあるチャイナドレスを来て、ズラリと並んでいた。てっきりホテルの従業員かと思っていたのだが、知り合いの他紙の北京特派員に聞いたところ、真偽は不明ながら、高級売春婦ではないかということだった。

それと二〇〇二年九月のことだ。小泉純一郎首相が訪朝して日朝首脳会談を行う二日前の晩と、前月の八月に平壌で行われた日朝赤十字会談の際、北朝鮮側から酒付きのちょっとした夕食会という形で接待を受けたことがある。

これは週刊誌にも書かれてしまったのだが、平壌市内を流れる大洞江という川に遊覧船を出し、酒ありのランチパーティが催された。卓上にはこんがりと黄金色に焼けた何かの肉が鎮座し、同席の日本人記者らと目を見合わせながら、「（食糧難の北朝鮮であっても、食べものが）あるところには、あるんだなあ」と驚いたことを覚えている。

飢えに苦しむ北朝鮮人民に「悪いな」と罪悪感を感じながら、箸をつけないのも失礼かと思って食べてみた。七面鳥のようなパサパサ感はあったが、なかなかの美味だった。問題はそれからだ。帰国後一カ月ほど経ったころ、北朝鮮に同行取材した外国通信社の記者と首相官邸の記者クラブでばったり会った際、「佐々木さん、あの肉、何の肉か知ってた？」と聞いてくる。船上で肉を食べたことを忘れていた筆者は一瞬、キョトンとした表情を浮かべたのだろう。その記者は得意げにこう言った。

「犬だって、犬。朝鮮半島や中国大陸では赤犬という高級食材なんだよ」

あちらでは犬が高級食材であることぐらい知っていた。だが、その時食べた犬肉が実際に今こうして知人と話している自分の体の一部となっていると思うと、哺乳類ではモモンガ以外は飼ったことがないが、愛犬家にして愛猫家でもある筆者は、ワンワン泣（鳴）きたくなった。

ちなみに、小泉首相の訪朝では、日朝平壌宣言の文面などをめぐり、事務方による事前のすり合わせがあったとはいえ、拉致被害者の奪還を主として、ガチンコの首脳会談が予想されていた。このため、日本側は夕食会を断り、昼食も日本から持参したおにぎりなどを食べただけで、お茶菓子を含めて、北朝鮮側が提供したいっさいの飲食物を口に入れなかった。

これは外交、安全保障上の理由による。小泉首相が下剤など、飲食物に少しでも異物が混入されたりしたのを口に入れてしまえば、肝心の首脳会談で動揺し、目的を果たせなくなる危険性があるためだ。

ちなみに、ロシアのプーチン首相が平成二十八（二〇一六）年十二月十五日、安倍晋三首相との日露首脳会談を行うため、安倍首相の地元、山口県長門市を訪れた際には、スナイパーによる狙撃のタイミングをはずそうとしたわけではあるまいが、プーチン首相は二時間以上も遅刻して温厚な安倍首相をいらだたせ、あげくの果てに「フグにはいっさい手を付けず、取り巻きに毒味させていた」という。さすがは元ＫＧＢ、ポイズン（毒）を連想させる何物も口に入れない。堂に入ったものである。

現地で取材した筆者も二度、平壌を取材で訪問しているが、北朝鮮側に警告されたのだろうか、「してやられた」と今でも確信していることがある。二〇〇二年八月中旬の日朝赤十字会談の際、北朝鮮の外交官と軽く飲食する機会があった。そのときに何か毒性のものを盛られたのかどうか、判然とはしないものの、北京経由で帰国する道すがら、激しい下痢に襲われて脱水症状となり、自己診断ではあるが入院レベルの重症となった。しかし、同行の他社の記者らに迷惑をかけられないと思って必死に耐えた。実際、筆者のほかにも数人が、同じ症状に苦しんでいた。帰国後に自宅近くの医院で医師に触診された際には、「ややや、胃痙攣《けいれん》と腸痙攣を併発してますね。どこで何を食べたんですか」と聞かれたほどだった。

北朝鮮に行って飲食したと答えると、かかりつけのその医師は、筆者が何か得体の知れない感染症にでもかかっているかのようなまなざしで、処方箋をパソコン画面に打ち込んでいた。抗生物質だったか、数種類の薬をもらって、追い出されるように医院を後にしたことを鮮明に覚えている。

さて、そんな筆者の情けない経験とは違って、東かがわ市の上村一郎市長や市議団が受けた接待は「熱烈歓迎」だったという。

先に紹介した市議によると、上村市長、竹田教育長、市議団に対し、海淀学校側は「ものすごいVIP待遇」で、上村市長のビデオスピーチの際には、巨大モニターに市長の顔が大写しされて拍手喝采だったという。

中国当局が相手を籠絡する際に使う手口としてよく使われるのは、招待した際のド派手な「熱烈歓迎」である。それに、色じかけのハニートラップだとか、ビジネスを装った金銭によるマネートラップなどがある。彼らはまず、「宮廷料理と見まがうような豪勢な中華料理でターゲットの胃袋をつかみ、下調べしておいた相手のデータをもとに、自尊心をこれでもか、というほどくすぐる、おべんちゃらを駆使してくる」(元自民党閣僚経験者)。

日中国交正常化に向けて尽力した田中角栄元首相が周恩来首相との交渉過程で籠絡されたとは思わないが、訪中した角栄は、朝食の味噌汁をすすってギョッとしたという。それは、角栄が自宅で食べていた新潟県の越後味噌だったからだ。角栄を落とそうと、周恩来首相が周到に手を回していた、というエピソードは知る人ぞ知る。狙った相手の胃袋をつかむ。これは接待の鉄則だ。

海外に移民した華僑や華人の手法も同じである。自分たちが食べるための中華料理店を移民先の住民にも開放して信用を獲得し、気づけばいつのまにか中華街が出来ているという構図だ。ちなみに、華僑とは中国国籍を保持したまま海外に長期的に暮らす者のことを指し、華人とは現地国籍のみを有する者、すなわち現地に帰化した者をいう。

誤解されぬよう、ここで念を押しておきたいのは、接待されるのがすべてダメだと言っているわけではない。出されたものに手をつけぬというのでは、外交上もビジネス上も儀礼を欠き、相手に失礼だろう。ただ、一度でも杯《さかずき》を酌《く》み交わしたり、手みやげなどを持たされたりした日には、同等の返礼をしないと、相手のペースにはまってズブズブの関係になりかねないのだ。場合によっては、相手の言いなりとなる危険性もある。

さて、「接待」の危険性についての話が長くなり過ぎたので元に戻す。東かがわ市の幹部や市議団らが接待された話ばかりを紹介すると公平を欠くので、「視察」の内容についても触れておきたい。

ここでは、田中貞男市議による令和元（二〇一九）年十一月九日付の「活動報告」を見てみよう。視察した学校は海淀学校の本校と京北区の学校で、京北区の学校は北京市内から二時間ほど行った標高五〇〇メートルくらいのところにある。この年の九月に開校したばかりで、冬のスポーツを中心とする小・中・高校として、将来的には三千人の児童、生徒を集めるとしている。動物園のほか、敷地内を一周する路面電車があるのだという。小学二年生では、日本語のひらがなやカタカナの読み方を学習している授業を参観した。高校生の中には、交流事業で東かがわ市に来た生徒もいて、日本のアニメが好きになって日本語を勉強しだしたとの声を紹介している。

注意したいのは、海淀学校側から「日本に留学などするための基地局を創設したい」と打診されたくだりだ。田中氏は「他の国のように交流が深まれば良いのではないかと思います」と記している。また、北京大学と並んで中国でもトップクラスの清華大学で行われた海淀学校の創立二十周年の式典については、「上村一郎市長がビデオスピーチで出演し、素晴らしいと思った」としている。

一方、久米《くめ》潤子市議（公明党）も同年十月二十日付のブログで、海淀学校を視察したときの模様を、こう報告している。

「校内は広大で、電車で移動する中、動物園、スキーのジャンプ場、アイススケート場、プール、小学校、中学校の建物がありました。生徒のAちゃん（十四歳）は中国語、英語、ドイツ語ができ、私とは英語で会話、キャンパス内の説明や動物園のある意味、自分が勉強している内容など、半日彼女とお話をして過ごす中、海淀学校の生徒の能力の高さや、学校が求める生徒像を知ることができました。（中略）十九時からは北京市内のホールで、芸術専攻の生徒さんの素晴らしいステージを感動しながら鑑賞しました。今回の視察を、東かがわ市の子供たちのより充実した英語教育、国際教育につながる、教育環境の構築に役立ててまいります」

英語教育をするのに、なぜ、英語を母国語としない国との交流が必要なのかが、筆者には理解不能である。アクセントや発音を含めて中国語なまりのクセを東かがわ市の子供たちにつけさせてどうするのかという、素朴な疑問が脳裏を離れない。

権威主義で、共産党が独裁する国家は、対外的に見栄えの良いところしか見せないものである。そんな上《うわ》っつらだけを見せられて党の本質を理解できずに感動する様は、どこまでも能天気だし、日本の子供を巻き込むという点で、さらに罪深いと指摘せざるを得ない。例えは悪いが、何らかの罰でやらされているヤンキーのゴミ拾いをはたから見て感動し、ヤンキーのすべてを理解したつもりになっているようなものである。

さらにもっと気になるのは、視察に同行した別の市議の証言だ。反対派の住民に、思わずこう漏らしている。東かがわ市が海淀学校側のターゲットとされた経緯を知ることができる、重大な発言である。以下に記す。

「海淀学校の生徒が軍服姿で行進しているのを見た瞬間、ヤバいと思った。海淀学校の理事長はわれわれ市議団に『私たちにはお金がある。お金を出すから一緒にビジネスをしませんか?』と言ってきた。通訳を通して一時間近く延々と熱っぽく語っていたけど、ビジネス相手がなぜ、東かがわ市なのかを聞くと、海淀学校の理事長は『実は日本全国の自治体をたくさん当たったが、すべて断られた。歓迎してくれる東かがわ市を日本初の基地にしたい』と言っていた」

重大な証言である。中国共産党が海外に拠点をつくる際の典型的な手口がそこに見てとれるからだ。地方自治体に対して「民間外交」「地方外交」などという、言葉自体が矛盾をはらむエサを撒き、人口流出による過疎化を何とかしようと、街の活性化のための資金が喉から手が出るほど欲しい弱小自治体に、甘言をもって言い寄るやり方だ。民間にも地方にも「外交」などはない。外交は国の専権事項だ。民間や地方にできるのは、ビジネスであり、姉妹都市提携など文化的な交流だけである。

ここで想起するのは、北海道の釧路市である。拙著『日本が消える日』（ハート出版）に詳しいが、現地を訪れた在京中国大使館や中国系企業の幹部に「北のシンガポール」などとおだてられて、中国が狙う北極海ルートの巨大経済圏構想「一帯一路」に組み込まれつつある危険性だ。ここでも、「民間外交」をキーワードに、中国当局がダイレクトに釧路市を手なずけようとしているのが特徴だ。

東かがわ市でも、海淀学校側が市に対し、瀬戸内海に面する田ノ浦キャンプ場を持つ引田地区での共同開発を持ちかけているとの情報が、反対派住民の元に寄せられている。

その国家版が、「債務の罠《わな》」として途上国から警戒されている「一帯一路」である。開発名目で地元の有力者や国会議員らに還元させる上手いやり方で大量のカネをばら撒き、人も土地も建物も次々と買収していく。しかし、中国の資金提供によるインフラ整備などで、一時的に開発バブルで活況を呈したのもつかのま、巨額の債務返済が不能となり、そのまま借金のカタに、港湾や火力発電所、道路などの重要施設を中国に盗られてしまうのである。途上国とはいえ、国家ですら、このありさまである。

いわんや、過疎債（過疎対策事業債）でほそぼそと食いつなぐ東かがわ市などの地方自治体がどうにかできる相手ではない。中国共産党をバックに持つ海淀学校から見れば、赤子の手をひねるようなものだろう。中国共産党が、後述する孔子学院のような教育機関や、民間企業を装った党のフロント企業を使って日本での拠点化を図る手口は、先ほどの釧路市などでも見てきた通りである。大ケガをしたときには手遅れなのだ。それは東かがわ市や香川県だけでなく、日本の国益を著しく損ねることになる。

ひとたび中国資本や人的資源を日本国内に入れてしまうと、台湾有事だとか、尖閣有事などで日中関係が悪化した際、「あなたたちは日本の安全保障にとって危険な存在だから、ここから出て行ってくれ」と言っても、なかなかそうはいかないだろうし、むしろ、平穏に暮らす何の罪もない中国人らの人権を、著しく侵害することになりかねない。上村一郎市長はじめ市幹部や市議の方々には、その危険性にもっと敏感になっていただきたい。

前のめりになる市議会

海淀学校との交流に前のめりになる東かがわ市の問題を最初に取り上げたのは、宮脇美智子市議であることは先述した。ここまで相手の海淀学校がどのような学校であるかを見てきたので、問題の発端となった二年前にさかのぼって、宮脇市議の問題提起の内容について追ってみたい。

以下、市議会のネット中継より抜粋する。市議団が二回目の海淀学校視察を終えた翌月の令和元（二〇一九）年十二月の十九日、宮脇市議が定例会の本会議で一般質問に立ち、海淀学校問題を最初に取り上げた。

宮脇市議「海淀学校の東かがわ市への拠点展開事業について伺う。海淀学校は、東かがわ市に拠点展開を希望していると聞いているが、海淀学校の誘致計画の概要について市民にも公表すべきではないか。海淀学校と交流するメリット、デメリットをどう考えているか。また、中国共産党による一党独裁体制が香港やウイグルなどに住む人たちの人権に多大な影響を及ぼしている。学校誘致ではなく、文化芸術の交流にとどめておくべきと考える」

上村一郎市長「海淀学校は米国、オーストラリア、英国、フランス、ドイツなど多くの拠点を持ち、中国と欧米の教育の特徴を融合し、グローバル社会で活躍できる人材育成を目指している学校だ。中国国内はもちろん、世界でも高い評価を得ている。本市にとって、具体的な数字で表すことはできないが、多くのメリットが得られており、今後も継続した交流活動を願っているところだ。海淀学校の理事長や校長が本市を訪れた際、市と交流の継続や深化への要望があり、これまで行ってきた交流期間（一週間〜十日）を少しでも長く行いたいという要望や、自分たちで宿泊、食事や学習などができる施設を確保したいとの要望があった。関係課などで協議を行っている段階だ。地域住民の理解、協力が必要なこともあり、慎重に対応しているところで、可能な限り情報発信していきたい。

現在行っている交流はあくまで国との交流ではなく、海淀学校との交流であるが、当然交流を進める上で国際情勢も視野に入れた対応が必要と考えている。これまでの交流を通して海淀学校とは良好な信頼関係が構築されており、今後一層、市の子供たちはもとより、本市にとって実り多い交流ができればと考えている」

竹田具治教育長「本市の教育方針は、重点施策の一つとして英語に親しみ、コミュニケーション能力の向上を目指した英語教育、国際理解教育の推進を掲げている。海外交流事業が平成三十(二〇一八)年度からスタートし、参加した生徒や保護者から『他国文化に触れあうことができ、良い経験ができた』という声が数多く聞かれ、ホームステイ受け入れ家庭からも高い評価を得ることができた。今後もこの交流を充実発展させ、子供たちにとって、海淀学校との交流から生まれるふるさと、東かがわ市の良さの発見、国際理解教育の推進、児童生徒の英語力やコミュニケーション力の向上などにつながればと考える。

活動拠点の計画が現実となれば、子供たちはもとより、地域住民との交流を通して地域活性化にも好影響があると考えることができ、大きなメリットが期待できる。国が違えば食生活はもとより生活習慣や文化の違いによる配慮が必要となり、戸惑う面もある。これはデメリットというより、互いの違いを確認しつつ認め合い理解を深めていくという、グローバル化の進む社会では不可欠な、貴重な学習機会であると捉えている」

宮脇市議「教育文化などの交流そのものは素晴らしいことに間違いない。だが、それらが中国の人権状況の改善に悪影響を及ぼす懸念があるのであれば、慎重に検討すべきだ。海淀学校を誘致するとしても、国際社会が中国への非難を強めている今、急いで学校を誘致すべきではない」

上村市長「現在行っている交流、これから行おうとしている交流は、あくまで国との交流ではなく海淀学校との交流だ。それに向けて地域のみなさま、市のみなさまに理解をしていただけるように、市からも働きかけていく予定だ」

この質疑を聞いていた市議会関係者は散会後、宮脇市議に対し、「海淀学校との交流がツブれたら宮脇さんのせいやけんな、責任をとってもらわないかん」と言ってきたという。

海淀学校「誘致絶対反対」の立て看板

宮脇美智子市議による議会質問で、東かがわ市における海淀学校の拠点化計画が発覚した影響は甚大だった。令和二（二〇二〇）年二月、東かがわ市の自民党合同役員会が開かれ、この問題が議題となった。

このときの様子は、関係者から入手した内部資料をもとに再現する。それによると、旧福栄小が四月から海淀学校になるという話の真偽について出席者の一人が市議団に問いただすと、市議の一人が「あれは拠点を作るだけや。地元が賛成している」と発言し、次に、これを諫《いさ》めるように別の市議が、「拠点と言うたらいかんやろっ！　あれは拠点ではない。交流の一環や」と応じている。

するど、先の質問者がさらに「交流というのは往来することであって、地域の中に先方の拠点を置くのは交流の域を越えている。本当に地元は賛成しているのか。自分は聞いていない」と追及した。しかし、市議団は、「市当局から議会には何も話が来ていないから知らない」などと、のらりくらりとお茶を濁《にご》し続けるだけだったという。ここは筆者の解説が必要と思われるので指摘しておくが、市議団はこの少し前の令和元（二〇一九）年十月に、海淀学校創立二十周年記念式典に合わせて訪中し、海淀学校を視察している。

役員会が終わった後、居残った反対派の市議がポツリとこう語ったという。

「みんな隠していたけど、実は海淀学校に貸すんや。四月一日から無償で貸すことになっている。改装費用はあちらの負担だ」

後に反対派の市職員の話で明らかになるのだが、当初の予定では、海淀学校の児童、生徒らは、拠点化した旧福栄小に一年間に二週間ほど滞在するだけではなく、一年を通して二週間ごとに五十人規模の児童、生徒が入れ替わり立ち代わりやって来る計画だった。

これに驚いたのが、旧福栄小の白鳥地区を中心とした地元住民だ。筆者は、当時の地元住民の反応を知る関係者に取材した。それによると、次のような意見が噴出したという。関係者のメモを入手したので、それをもとに再現する。

年配男性「地元の人が知らないまに大きなことが決まり、不安で怖い。カナダのように中国人がチャイナタウンを作って選挙に立候補し、ルールを自分たちの都合のいいように変えて、乗っ取られるのではないか」
不明「福栄の住人同士の信頼関係が壊れており、町が分断され、相手の思う壺となっている。これが、交流するデメリットでなくて何なのだ。そうなる前に、市長や教育長には住民に対して、何がどうなっているのか、しっかり説明してもらいたい」
不明「旧福栄小は当初、中国側に売るつもりだったが、うまくいかなかったので貸す話になったと聞いている。やまびこ園（福栄小に隣接する保育所跡地）はすでに、海淀学校のための宿泊施設になっている。拠点化されたら、中国側に実効支配されてしまう」
旧福栄小近くの年配男性「中国人が怖くて夜も眠れない。住民を舐《な》めている」
この年配男性が言っていたことは本音だったのだろう。筆者が現地取材した令和三（二〇二一）年七月には、すでに他県に引っ越した後だった。
令和二年初め、反対派住民らが署名活動を始めると、さまざまな圧力が住民らにかけられたという報告が、署名活動を主導する人々の耳に入ってきた。中には、「署名活動に中国人が怒っているぞ」と脅《おど》されたり、「署名などしたら小さな町で生きていけなくなる。生活が不利になるからやめとけ」と言われたりした人もいるという。また、くだんの香港のソフトボール協会と交流してきた男性は、堂々と「中国で何度もごちそうになっているから、署名なんかしない」と言って、署名を求める反対派住民とケンカになりそうになったという。

さらに不気味なのは、土地買収をめぐる中国の影だ。もう五年前のことになる。住民が旧福栄小近くの山林の地籍図を市建設課に照会したところ、市職員から「お宅の山の奥は中国人名義です」と言われたという。地籍図を照会したのは、このへんで薪《まき》を作るため木を伐採していたところ、四駆でしか行けないような山道に、なぜか高級車や軽自動車などが一日に何往復もしていて、不信に感じていたからだという。人知れず、中国人居留区が出来ている可能性があると思い、大変不安になったと証言している。その後、市建設課で改めて調べたところ、中国籍らしき所有者はいなかったという。市建設課は最初、ウソをついたのか。ウソをつく理由はなく、名義変更でもしたのではないか。

他にも、旧福栄小からさらに山奥に入った徳島県境の峠を中国資本が買収したとか、瀬戸内海に面した引田地区にあった会社の社宅跡地を中国人が購入しに来たが、この会社は売却しなかったとかという話は、枚挙にいとまがない。買収しないまでも、日本の企業が中国資本と組んで民宿を経営するなどしており、現在もそこが中国人の常宿になっているという。

これも五年前のことだが、徳島県境の五名《ごみょう》地区という山奥の民宿に、中国の富裕層が出入りしていたことが判明した。平成二十七（二〇一五）年六月、五名活性化協議会の管理するホームページのメールアドレスに突然、中国名を名乗る人物からメールが届いたという。赤ちゃんから老人まで、中国人富裕層の一家、約十人がお盆休みに、観光資源らしい資源のない五名地区の民宿に連泊したいとの申し出があり、不審に思ったのだという。五名活性化協議会の幹部がそうした懸念を東かがわ市側に伝えると、逆に人種差別はよくないとたしなめられたという。

もちろん、人種差別はあってはならない。そんなことは言わずもがなだ。ただ、ビジネスの相手を見極めることが即、差別につながるとは思えない。例えば、今この時点で違法行為をしていないから、反社会勢力に身を置く人物と付き合えと言われて、それを拒むことは差別なのか。そうではあるまい。

筆者に言わせれば、ウイグル人や香港、チベット、南モンゴルで人権弾圧やジェノサイドを行い、欧米を中心に国際社会から厳しく批判され、制裁を受けている中国共産党政権こそが、反社会的勢力である。否《いな》、自由と民主主義という普遍的価値を尊重する人類にとっての敵なのである。

先の五名地区の問題で気になるのは、宿泊先を探す中国人に対して、地域内を案内して回る住民がおり、「ここは耕作を放棄した農地、ここは空き家、ここはお年寄りの一人暮らし」などといった個人情報を漏らして回り、地区住民の顰蹙《ひんしゅく》を買っていたことだ。

さて、旧福栄小付近に話は戻る。引っ越してしまった先ほどの男性からは直接話が聞けなかったので、気温三十三度はあろうかという炎天下のもと、旧福栄小周辺を歩くと、農業に従事する六十代後半の男性が庭先で大工仕事をしていたので、声をかけてみた。

海淀学校の関係で東京から取材に来たというと、男性は玉のような汗を顔じゅうから吹き出しながら、手仕事を止めて「よく来た、よく来た」と言い、屋根のある作業場に筆者を招き入れ、取材に応じてくれた。白いランニングシャツも汗でびっしょりだ。

男性は、「市は住民に何も言わないで、地区の役員しか知らないあいだに中国の学校を呼ぶというのだから、たまったもんじゃない。だから反対の署名活動は積極的にやったよ。だって俺が立て看板を作ったんだから。みんなびっくりして、ほとんどが署名してくれたよ」と語る。

さらに、ペットボトルの水を冷蔵庫から出して筆者に手渡しながら、「（上村）市長もほんとは乗り気でないんじゃないの？　説明会（令和三年三月二十二日と二十三日の二日間、旧福栄小近くの公営施設で行われた）でも、何かそんな感じだったけど。本音を聞く機会がないから分からんが」と続けた。

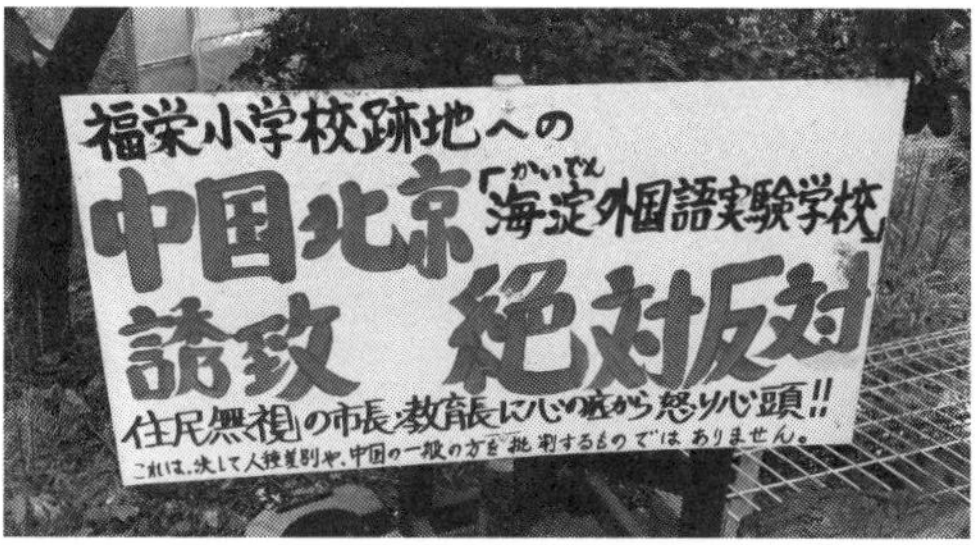

男性が作成した反対の看板
＝ 2021.7.18、香川県 東かがわ市（筆者撮影）

さらに、「田中貞男市議もひどいよ。自分で海淀学校の誘致を推進する東かがわ市寄りのやらせ質問をしておきながら、『市政だより』では肝心な海淀学校に関する質疑を載せてないんだから。議会では海淀学校の誘致に理解を示すかのような質問をしたけど、わしら住民には知られたくないから事務局に削らせたんだろう。わしらのような年寄りはパソコンなんか分からないから、『市政だより』を読むしか市の現況を知ることができないんだよ」と、憤懣《ふんまん》やるかたない様子だった。

男性の言う通り、田中市議は令和二（二〇二〇）年九月の市議会定例会での一般質問で、香川県内の丸亀市や三豊《みとよ》市など、他市も中国と交流していることを列挙し、「新型コロナウイルス感染症の収束後、海淀学校と交流すると理解してよいか」と質問している。

事前の打ち合わせ通りか、そうでないのかは分からないが、待ってましたとばかり上村市長は、「福栄小跡地利用については中止すると海淀学校側に伝えて理解してもらっている。本年度はコロナ禍で海外交流は取りやめたが、今後も交流は相互の児童、生徒にとって大きなメリットがあり、ぜひとも交流を継続していきたいとの共通認識を確認したところだ」と答弁した。

続く竹田具治教育長も答弁で、「参加した児童、生徒や保護者、また受け入れに協力してくれた地域の方々を対象としたアンケート結果によると、ほぼ一〇〇％に近い方が『海淀学校との交流に非常に意義があった』と答えている。コロナ禍の収束後、子供たちが直接交流できるよう調整を進めてまいりたい」と述べている。

くだんの男性によると、こうした質疑応答が、『市政だより』からは抜け落ちているというわけである。突然の取材に応じてくれたことに礼を言い、腰を上げようとすると、男性がこう付け加えた。

「ここ（東かがわ市）は手袋産業が盛んやろ？　昔から中国とも商売して、もともと関係もいいし、中国はただのお客さんだと思っている人が多いよ。手袋産業と、市や市議らの結びつきも強いからね。そんなわけで、この土地は伝統的に中国に対する警戒感がまったくないんだよ」

男性は、市議の実名を挙げて批判した。公平を期すため、ここで田中貞男市議に、お出まし願う。帰京後の令和三（二〇二一）年七月三十日、電話で田中市議に見解を聞いた。交流再開の可能性について田中市議は「海淀学校による旧福栄小の拠点化は中止した。でも交流の再開はいいんじゃないか。全国各地で国際交流している」と語った。

《筆者注：念のため整理しておくが、「拠点化」というのは、旧福栄小などの跡地を海淀学校に貸し出し、そこに海淀学校の生徒らが一定期間滞在する形で、年間を通して交流を続けることだ。また、「交流の再開」というのは、市内の施設を貸し出すことなく、お互いが相互訪問を続けるということである》

田中氏は、海淀学校が軍事訓練をやっていることについて「中国の学校はみな、やっているよ。交流に反対する人はみんな、そこを強調するんだよな。旧福栄小の隣に幼稚園があるんだけど、そこを宿泊施設として、ずっといるわけではないから。旧福栄小も幼稚園も市の持ち物だし、海淀学校にとられるわけではない。外務省にも、海淀学校について照会した。問題ないということだった」と述べた。

確かに軍事訓練は、江沢民政権時代に制定された国防教育法に基づき、一週間から十日間ほどの期間で、中学生、高校生を対象に中国全土で広く行われている。

田中氏は反対署名について、「たくさん（三八〇二筆）集まったというが、半分以上が市外や県外の人の署名でしょ？　組織的な。反対の署名した人も、なんだかよく分からないまま署名してしまった人も少なくないと聞いている。だいたい、今の世の中、中国を外して経済は回るわけがない。他の自治体もみな、国際交流しているのに、なんで東かがわ市ばかりが、（ダメだ、ダメだと）言われなきゃいけないのか」と言う。

さて、話を現地での取材に戻す。現地入りする前、直接会って取材する約束だった自営業の六十代の男性が急きょ、電話取材にしてほしいと言ってきたので、車内での取材に切り替えた。これもコロナ禍の影響だ。家族に医療従事者がいるため、緊急事態宣言下の東京から来た筆者（佐々木）から感染しないよう、念には念を入れるためだという。このとき筆者はワクチン接種を一回しか済ませていなかったが、もちろん、平熱だった。不要不急ではなく、必要不可欠な取材と考え、取材で人に会うときは二重マスクにするなど、感染防止対策を自分なりにしっかりとった上で取材して歩いた。もちろん、炎天下のためマスクは汗でびっしょりで、一日に最低二回は新しいものと取り換えた。

さて、この自営業の男性だが、怒り心頭であることが電話の向こうからも、ありありと伝わってきた。事前の取材で、海淀学校の誘致に反対していたと聞いてはいたが、想像以上に、市のやり方に強く反発していることが伝わってきた。男性は一気にまくしたて、こう語った。

「海淀学校はバリバリの中国共産党幹部の子弟が通うエリート校でしょ？（交流する相手が）何で

東かがわ市なのよ。おかしいでしょ。今の中国は（日本人が憧憬の念を抱く）孔子や孟子の時代とはまったく別物の、権威主義的な国家だよ。ウイグルやチベットがそうでしょ？　どれだけ人権弾圧されているか、佐々木さん（筆者）も知っていると思うけど、こんな中国の学校を誘致したら大変なことになりますよ。旧福栄小の周囲に高い壁でも作って、敷地内で何をやっているか分からないことをするかもしれない。そんなことを許していては、子や孫に顔向けできなくなりますから。これだけ反対の声を上げているのに、地元紙の四国新聞はきちんと取り上げてくれないし。市長や市議らは無責任だよ。そのうち引退したりして、責任はとらないから。責任の所在があいまいになっているのも問題だ」

さて、先に紹介した東かがわ市の自民党合同役員会が開かれた二月以降、海淀学校誘致話の輪郭が、少しずつ浮かび上がってくる。海淀学校誘致の推進派と距離を置く市議によると、海淀学校は旧福栄小の拠点化だけではなく、瀬戸内海に面した田ノ浦キャンプ場を海淀学校の拠点とし、ヨット練習場として使用する計画が浮上していることも明るみになってきた。

この田ノ浦キャンプ場は、市中心部から車で十分くらいの好立地にある。コロナ禍という事情もあったのだろうか、筆者が訪れたときは二～三組の家族連れが水着姿でキャンプを楽しんでいた程度で、閑散としていた。地元の人に話を聞くと、最近になって急に、市発注による新築工事が始まったとかで、キャンプ場内の公衆トイレは、ほぼ完成していた。

田ノ浦キャンプ場は、東かがわ市の中心部から東に位置し、先ほども少し触れた、引田地区に

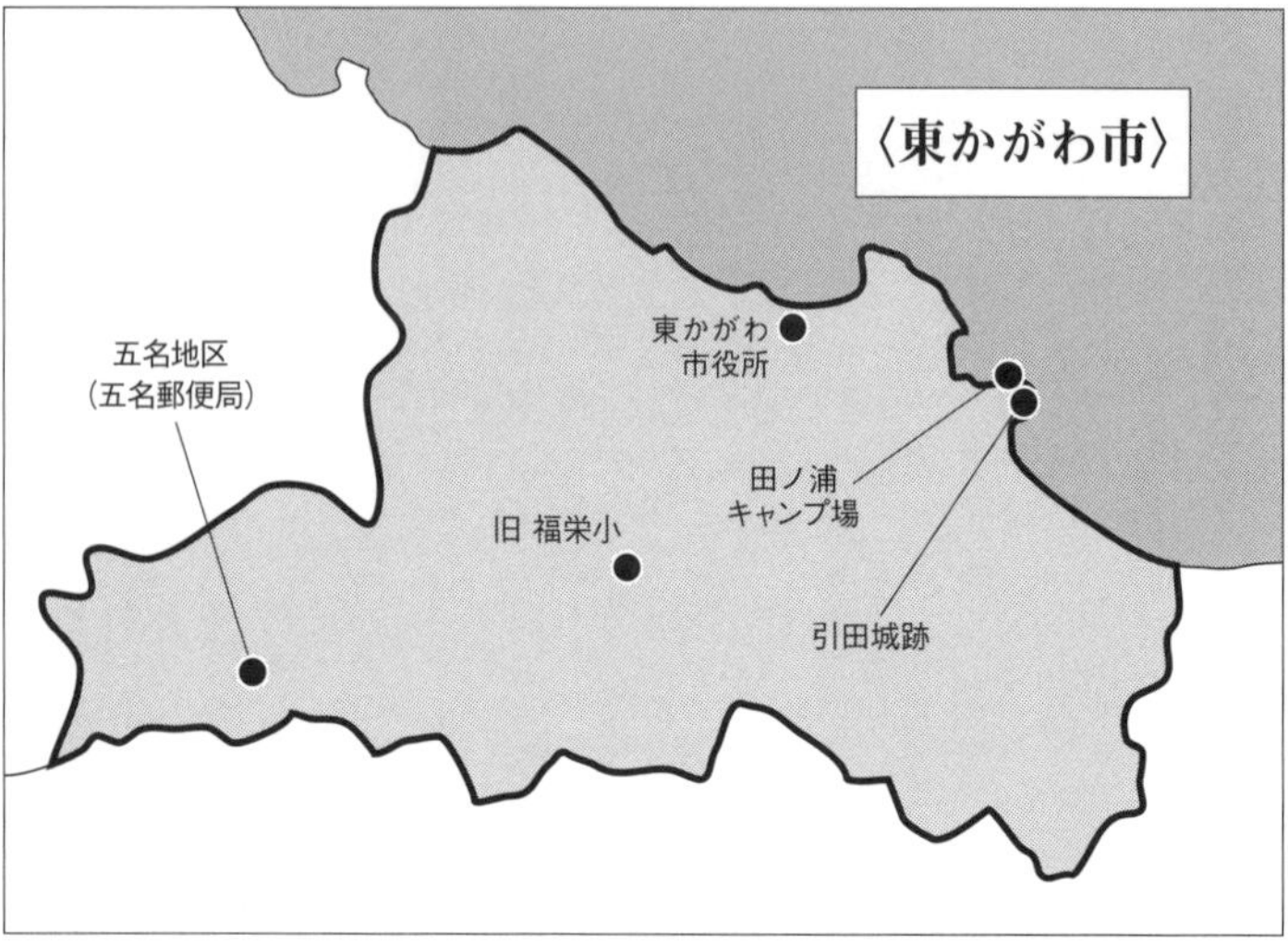

ある。淡路島から大阪湾を望む讃岐《さぬき》への玄関口として歴史的にも地理的にも要衝で、戦国時代の終わりに建てられた引田城は、讃岐国で初めての総石垣づくりで知られる。平成二十九年に公益財団法人日本城郭協会により続日本百名城に選定され、令和二年に国史跡に指定されている。

海淀学校が、田ノ浦キャンプ場が持つ、こうした地政学的な意味をよく理解してヨット練習場の拠点化を狙っているとしたら、かなり緻密かつ計画的に、東かがわ市への進出を計画していると見た方がよい。何しろ、当初は東かがわ市の三本松小学校の拠点化を市が勧めたところ、海淀学校側が逆に旧福栄小を要望してきたというくらいだ。市内には手袋産業で働く中国人らも少なくなく、海淀学校側はこうした人たちや市関係者から、直接情報を入手していると思われる。

気を付けねばならないのは、田ノ浦キャンプ場がある引田港周辺はすでに、広範囲にわたり中国資本によって買収されているという噂が、地元でくすぶり続けていることだ。登記簿謄本をとっても、中国名で登記されていることはまずないため、本当の所有者は分からないケースがほとんどだ。拠点化に反対する地元住民の一人は、引田港周辺を歩いていて「中国語と日本語で書かれた『立ち入り禁止』の看板を見た。故郷が故郷でなくなっていく」と寂しそうに語った。

過疎集落で反対署名が四〇〇〇筆に迫る

こうして、宮脇美智子市議による議会質問で発覚した海淀学校の誘致問題は、事情を知らされていなかった地域住民の猛反発を招いた。それは、三八〇二筆という反対署名となって現れた。署名を求める案内文には、「海淀学校との交流について地元住民への説明の機会は十分行われていない。旧福栄小に隣接する元保育園『やまびこ園』跡地利用も明らかにされないまま、海淀学校の宿泊施設になっていたなど、不可解な事態も発生し、行政に対する大きな不信感が増している」とあった。

さらに、「この署名活動は、国際交流そのものに反対するものではなく、また決して人種差別や中国の一般の方を批判するものではない。外国の学校との一線を越えた『拠点化事業』を市と市教育委員会が強行しようとしていることに対し、住民から強い憤りや不安が生じていることは明らかだ」としている。

また、この問題が、東かがわ市にとどまらず、日本全国でも大なり小なり同じような問題を抱えているということを、署名を求める文面で指摘している。文面はこう続く。

「北海道など各地の水源地重要地帯などでは中国資本による土地買収が進んでいるが、現在の日本においては外国資本の土地取得を規制する法律が敷かれておらず、もしなんらかの問題が生じた場合でも市の行政において住民を守り切ることはできない。地元説明会でも、もし住民と外国の方とのトラブルに発展した場合、市はどう対応してくれるのか——という不安や外国の学校が拠点化されることにより、外国資本による周辺の不動産買収が誘発されるのではないかという最大の懸案について、市は一切の責任はとれないとの姿勢を示したことにより、東かがわ市の住民のみならず、周辺自治体の住民に対しても大きな不安要素を与えています」

付け加えておくが、この署名案内が配布された令和二（二〇二〇）年の春先にはまだ、外国資本による土地売買規制に関する法律は成立していなかった。しかし、令和三年六月、自衛隊施設や原発、国境離島など安全保障上重要な土地の利用を調査、規制する「土地利用規制法」が成立している。ただ、日本では、外国人が土地を所有することについて何の制限もない。なぜなら、この法律が「外国人は日本の土地を買うことができない」とするものではなく、あくまでも、その利用行為に限って制限を加えたものに過ぎないためだ。

《筆者注：土地利用規制法とは、自衛隊基地や原子力発電所など重要インフラ施設の周辺約一キロと国境離島などを「注視区域」とし、土地所有者の国籍や氏名、利用状況などを調査できるとした。また、特に重要性が高い区域を「特別注視区域」と定め、不動産売買の際には事前に国籍や氏名を届け出ることを義務づけた。重要施設などの機能を阻害するような利用行為があれば勧告・命令がなされ、違反した場合は二年以下の懲役などが科される》

さて、こうして集められたのが三八〇二筆という反対署名の数々である。手元にある資料だと、令和二年三月十二日現在で、福栄地区八三六人、五名地区一八〇人、それ以外の東かがわ市内一〇九一人、東かがわ市以外一六九五人の計三八〇二人が署名している。

以下に、署名に際して集めた反対コメントを抜粋して紹介したい。まずは、反対署名に先立つ令和元（二〇一九）年十一月三十日付の住民による投書である。市議会議員全員に送付されたものので、以下、なるべく忠実に再現する。

「東かがわ市行政の皆様へ　私は七十代の老婆です。中国との交流については夜も寝られません。恐ろしくて恐ろしくて、ビクビクです。中国は世界制覇を目論《もくろ》んでいます。やがて日本も侵略されます。中国共産党に支配され、日本も中国の一部になるかも分かりません。最初は交流と優しく言ってきた。次第に武器を持たずに侵略してきます。交流も絶対に反対です！　どうぞ年寄りの願いをお聞きくださいい」

海淀学校側が東かがわ市と共同で開発の働きかけを狙っていると見られる海沿いの引田地区などの住民では、「中国共産党が入ってくると日本はなくなる」（七十代男性）、「中国に日本が乗っ取られてしまう。絶対反対です、交流は」（七十代自営業女性）、「市議会で尖閣諸島の問題とか香港で拘束された民主活動家、周庭さんの問題とかを決議して反対してください」（六十代自営業男性）という反対意見が大勢を占めた。中には、中国でビジネスを展開中の手袋産業従事者なのだろうか、「中国との交流は中止できない。家の都合で」（自営業六十代女性）、「中国が怖いのは分かっているが、関係を持っているので交流は続けないといけない」といった意見も散見された。

その他の地区でも、「法の支配が理解できない国家との交流は極めて危険である。子供たちの身に危険が及んだ場合、どのように責任を取るつもりか。市は明らかにすべきである」（三十代男性）、「中国を信用しない方が良い。行政や市議会議員には、中国をだましてでも利益を得る能力がある人間がいない。交流するメリットは中国にはあるが、こちらにはない」（三十代男性）、「東京の友人から知らされてびっくりした」（五十代女性）、「義務教育の生徒に交流は必要ない。中国との交換留学などもってのほか。行きたい生徒が親の責任で個人的にやればよい」（不明）などの声が集まった。

特に目を引くのが、大手手袋産業がある白鳥地区だ。「今さら、拠点化も交流も大差なし。市民の血税をなぜ中国との交流に使わなくてはならないのか。市が言う国際交流とは中国だけとの交流だ。役所も議会も恐ろしい存在だ。中国の味方ばかりで、市民をバカにしている。すでに中国化した東かがわ市はとんだ笑い者だ。もっと勉強せよ、アホ」（四十代女性）。もう一丁、紹介しよう。「市も市議会も賛成の住民も中国共産党の危険な本質が分かっていない。中国に対して無知であることは本当に危険なことだ。今回の件で、市が市職員にクレーム対応研修会をしたそうだが、反対派の意見はクレームではなく、中国から東かがわ市を守るための進言、提言である。クレーム対応研修会などする暇《ひま》があったら、中国共産党のことをもっと勉強するべきだ」（七十代女性）

上村一郎市長や竹田具治教育長、市議団にとどまらず、ウイグル非難決議ひとつ採択できなかった自民党や公明党をはじめとする国会議員にもぜひ、聞いてもらいたい肉声だ。そして、そんな機会が、一年経ってようやく訪れる。

先ほどの署名活動から一年後の令和三（二〇二一）年三月二十二、二十三の両日に行われた住民説明会である。説明会に参加した住民から入手した音源があるので、それをすべて聞いてみた。発言内容の多くは、ここで紹介した署名活動の際に署名活動の主催者に寄せられた声と同じだった。

ただ、説明会での発言は匿名ではなく、上村一郎市長や竹田具治教育長らが出席する中での発言であり、重みがあろう。説明会には二日で約百人が集まった。匿名の反対コメントにはない視点の住民の発言と、市側の回答をいくつか紹介する。

住民Ａ「旧福栄小の前に三本松小が海淀学校の宿泊施設になるという話があったが本当か。東京や北海道各地で中国資本による買収問題をこの目で見てきた。東かがわ市は、ほのぼのし過ぎて危機感がない。やはり手袋会社と中国がつながっていることが根底にあるからか」

上村市長「福栄小の前に三本松小を宿泊施設にという話があったのは事実だが、海淀学校が里山にある福栄小が良いということだった（手袋産業との関係については答えず）」

住民Ｂ「なぜ中国で英語の勉強なのか」

上村市長「英語教育には、英語圏ネイティブと、英語を母国語としない人との英語交流の二通りあり、自分も中学生のときに韓国で英語を学んだ経験がある」

住民Ｃ「今後も交流を続けるのか」

竹田教育長「今の国際状況の影響が大きい。子供の安全面について、今のままでは問題がある。国際情勢の改善がなければ難しいと思う。国と国との状況が悪くなれば、拘束されたりもする。こちらから向こうへ行った子供も、向こうからこちらへ来た子供も、お互いに安全を保証できるか疑問だ。その状況が危惧されるうちは交流すべきではない。懸念が改善されない限りは無理だ」

住民Ｄ「中国共産党を批判すれば拘束される。北海道大学の教授の例もある。（中国の体制に反対する言論や活動を取り締まる国家安全維持法は）域外適用もあるという。恣意的に子供が拘束される可能性もある。『無期限の中止』という理解で良いか」

竹田教育長「危険を伴うおそれがある以上、交流は難しい」

《筆者注：現在のことなのか、将来のことなのか、質問にきちんと答えていない》

住民Ｅ「なぜそこまで危険な地域とあえて交流しなければいけないのか。なんか裏にある利権を勘ぐる。やはり、手袋産業が中国と切れていないことを勘ぐってしまう。純粋に子供のことを考えたら、親は絶対に中国へは行かせない」

上村市長「利権があるんではないか、マネトラ、ハニトラ、過大な接待は一切ないと断言する。もしあれば即刻市長を辞する」

住民Ｆ「共産主義とは何か。一言で」

上村市長「国家管理、国がすべてを管理する。民主主義と言いつつ独裁体制。すべて国の管理。特に不動産」

竹田教育長「今の中国が共産主義とは受け止めていない。独裁社会主義だ」

《筆者注：中国は憲法の上位に共産党が位置し、恣意的に法を運用する。党が政府を指導するという体制である》

住民Ｇ「手袋会社の社長室に、中国が中心の世界地図が貼ってあり、ショックを受けた。この会社は、中国が中心という考え方だ。手袋業界に恐怖を覚える。根本が間違っている。中国に主権を握らせるのではなく、住民の安全と日本国としての意識を持ってほしい」

サイレント・インベージョン（目に見えぬ侵略）

東かがわ市の問題を宮脇美智子市議が令和元（二〇一九）年十二月に続き、二年九月にも市議会定例会の一般質問でこの問題を取り上げた際、社民党（当時）の大藪雅史《おおやぶまさちか》市議が反対の質疑をしたのが注目される。

大藪市議「中国は隣国でもあり、国として、民間の経済交流は常に行っていかねばならないと思っている。だが、東かがわ市内の義務教育の生徒を中国へ英語研修という名目で出すというのは別の話ではないか。やめるべきだ。東かがわ市の児童や生徒を全員連れていくわけではなく、一部の学校で数人ずつが行くだけのことだ。義務教育というのは、底上げが大切なのであって、数人のエリートを作るのが義務教育ではない」

竹田教育長「本市の英語教育は、国の教育課程特例校の指定を受け、使える英語、話せる英語を目標の一つとしている。交流によるメリットは大きい。研修先の変更を考えるべきとの指摘だが、（海淀学校に）問題があるとは考えていない。研修先を変えるのではなく、交流先を増やすというのは今後あり得る」

大藪市議「（質疑応答の中で）誰かが、教育と政治は違うと言ったが、教育は政治だ。日本の国家の中で東かがわ市の学校が共産主義を勉強するとか、そういうことでは困るのだ。義務教育の中ですべきではない。オーストラリアの大学のクライブ・ハミルトン教授が出している本（サイレント・インベージョン）が翻訳されている（『目に見えぬ侵略』飛鳥新社）。私がここで一時間説明するよりも早いと思います。もし読まれていなかったら、教育長に、ご一読をお勧めしたい」

大藪市議は当時、社民党の所属である（現在は立憲民主党）。ここが地方議会のユニークな点で、およそ国会では見られぬ質疑応答が行われているのである。与野党の国会議員は、宮脇市議や大藪市議の爪の垢《あか》でも煎じて飲んだらよかろう。

令和二（二〇二〇）年三月の定例会で、上村市長は旧福栄小の海淀学校による拠点化の中止を明言した。だが、同年九月の定例会では、「拠点化は中止する」ものの、「交流は継続する」と述べたことから、問題が再燃した。すると今度は一転して、令和三年三月、上村市長は安全面の不安を理由に海淀学校との交流中止を発表した。こうして二転三転する市長の対応に、住民は疑心暗鬼となっていく。実際、筆者の知人が海淀学校に電話で聞いた際、海淀側が「地元の反対は知っているが影響はないから拠点化を進めていく」と答えたことを思い出してもらいたい。

宮脇市議は令和三（二〇二一）年六月にも定例会で質疑を行い、海淀学校との交流継続の有無について、市の意向を何度も確認している。海淀学校が中国から持ち込んだ訓練用のヨット数隻を東かがわ市がしばらく保管していたため、海淀学校との交流再開に備えているのではないかという住民の疑念に応えるためだった。上村市長からは、すでにヨットは海淀学校側に返却したとの答弁だった。

上村市長、竹田教育長へのインタビューは後述するので、ここで宮脇市議と両氏の質疑応答について細かく論評するのはやめておく。だが、市長の言う「多様性社会」というのは、使い勝手が良く、また、響きの良い言葉であるが、使い方を誤ると危険な、諸刃《もろは》の剣でもある。一つだけ例を挙げておく。アメリカのような移民国家の国民は、欧州やアフリカなど多様なルーツを持つ。多様なルーツを持つが、ひとたびアメリカ本土に足を踏み入れてアメリカ国民として生きていこうとするならば、合衆国憲法、星条旗への忠誠を誓わされる。アメリカの小学校で行われる教育は、「アメリカ国民を作る教育」と言っても過言ではないのである。これが何を意味するかというと、同一化である。

移民と交流とでは次元も多少、異なるテーマとなるが、このあたりのことについては、拙著『日本が消える日』を、ぜひ参照いただきたい。人口動態や家族構造など、社会の深層の動きに着目し、ソ連崩壊や低所得者向け住宅ローンのサブプライムローンの破綻に伴うリーマンショックなどを予見したフランスの歴史人口学者、エマニュエル・トッド氏の論考を紹介している。

上村市長インタビュー「交流再開もあり得る」

令和三（二〇二一）年七月十九日、東かがわ市役所に上村一郎市長と竹田具治教育長の二人を訪ねた。市長の略歴を調べていてドキッとしたのは、平成八年から十三年まで陸上自衛隊に入隊したという経験だ。海淀学校との交流において、その経歴は直接の関係はなかろうが、中国側は当然、承知のことだろう。上村氏は陸自を退職後、中央大学を卒業し、国会議員秘書を経て、平成三十一年の市長選で、三十八歳の若さで当選した。

少し長くなるが、インタビューの内容を一問一答形式で紹介したい。

——海淀学校との関係は今、どうなっているのか。なぜ止まっているのか

上村市長「すべてを中止している状況だ。やりとりもほぼないし、少なくとも学校間でどうこうというのは今は何もなく、すべて止まっている状況だ。コロナの影響もあるし、昨今の中国の動静に鑑《かんが》みて、コロナが明けたとしても、こちらの中学生が向こうに行くとか、向こうからこちらに来るという安全が、なかなか担保できないということで中止した」

——完全に中止したと。先方には伝えているのか

上村市長「もちろんだ」

——市長自ら訪中して中止を伝えると言っていたようだが

上村市長「コロナ禍で海外渡航ができる状況ではないし、それを引っ張るわけにもいかない。中国の情勢、日中関係、米中関係を含めて交流できるような状況ではないので、昨年春ごろ、ちょっと中止としてくださいと、人を介して電話で伝えた。向こうも、『それなら仕方ないですね』ということで」

竹田教育長「段階的にまず、昨年春は昨年度の交流をどうするかということで、コロナの状況が一番大きかったが、中国との国際状況もあって、一応、しばらく中止ということで、中止という感じだった。昨年は。しばらく休みましょうということで」

——しばらく休止か。昨年の九月、市長は市議会の定例会で、旧福栄小学校跡地の拠点化は中止するけど交流は継続すると答弁していた。今年（令和三年）三月の説明会では今年度、来年度は交流はしないと。ただ、今年度というのは、住民説明会が今年三月だったので、昨年度ということになる。（そのとき市長が言った）来年度というのが、今年度になる。次の令和四（二〇二二）年度は海淀学校との交流を再開すると聞こえたのだが

上村市長「いつから再開するのかどうかというのは変数が多くて何とも言えない。そもそも、再開するのかどうかというのも、国際情勢に鑑みると難しいところが多々あると承知している。今年度も来年度もメドは付けられない。ひょっとしたら、このままずっと交流しないままというのもあり得る」

——ということは、交流再開もあり得る

上村市長「（交流再開）も、あり得る」

竹田教育長「再開というのは、よほど状況が変わるか、日中間の状況とか、米中間の状況が好転して、友好的になるとかになればまた、検討ということになるのでしょうが、市長が言う通り、今の状況ではまず、交流再開というのは考えられない」

――中国が簡単に変わるとは思えない。海淀学校は軍事訓練をやっている。海淀地区にあるスーパーエリート養成学校だ。中国共産党と学校は別であるというが、この学校は中国共産党の強い影響下にあり、党と一体だ

上村市長「軍事教練については、中国の学校にはすべてカリキュラムとして義務づけられているものだ。海淀学校が特別そこに特化しているわけではない。他の学校でも軍事訓練をしている小学校、中学校、会社も含めて、しているところはあるが、ただ、質問の懸念はすごく理解している。共産党という中に軍がある、国家がある。その中で、交流というのは、全国いろんなところでやられているので、どういう形でできるのかを模索したいと思った。学校を貸すというのは住民のみなさんの反対もあり、中止している状況だ」

――確認だが、日中関係など国際関係が好転したら再開もあり得るのか

上村市長「はい。ただ、好転の状況というのは、さきほど教育長も説明した通り、日本国内だけで済む話ではなく、中国の政治体制をどこまで、世界として許容できる形になっていくのか、日中、米中という関係もありますので、変数が非常に大きいので。（交流再開の）可能性はもち

ろんゼロではない。だが何がどうなったらＯＫなのかは、極めて判断しづらいところかなと思っている」

《筆者注：東かがわ市は手袋産業が盛んで中国との経済関係も強固だ。中国に進出した企業の中には、企業内に中国共産党組織が存在していることが、中国側の資料で明らかになっている（後述）》

中国による土地買収の動き

インタビューを続ける。

――英語教育なら、英語ネイティブの国と交流すればよいのに、なぜ海淀学校か

竹田教育長「その通り。ただ、海淀学校は英語のレベルが高いので、向こうの先生とも話をさせてもらい、割と会話しやすい、そんな英語を使っていたので、それも選択肢として良いのかなと思う」

――海淀学校は東かがわ市以外にも話をもちかけて、すべて断られているという話を取材で聞いた

上村市長「そういう話は聞いたことがない。全部交流を断られているということはないはずだ」

――海淀学校との交流が完全に切れたわけではないということであれば、土地を買収されてしまうのではないかという不安が住民にある

上村市長「そういう懸念の声は住民からたくさんいただいている。それを含めて交流を中止すると説明している」

――でも、交流再開もあり得ると

上村市長「そこ好きですね。まあ、可能性の話だから、絶対やりません、絶対やりますとはなかなか言えないというのは、ご理解いただけると思う。さきほど、教育長からも説明があったが、可能性としては極めて低いのではないかというのは印象としてはある。短期間で中国の政治体制がどうなる、こうなるというのも、なかなか短期間で済むような話ではない、というのは理解している」

――海淀学校はヨットの練習をやりたいようだが、ヨットは今どこにあるのか

上村市長「一時預かっていたが、中止という形にしたので、お返しした」

――市内の山田海岸で中国籍の人が合宿できそうな物件を物色していた

上村市長「そうした動きがあったことは承知している」

――旧福栄小学校だが、海淀学校側から貸与の要請はあったのか

竹田教育長「貸出というか、こちらに来ているあいだに一週間か、長くて十日間くらい、宿泊など教育委員会がお世話というか、手配をしていたが、それで負担をかけたら申し訳ないという

ことで、こちらの方で滞在しているあいだ、宿泊できて、夜も勉強したいと言ってきた。それで一週間か十日間くらい、確実に宿泊できて生活できる場所が欲しいと言われて、そんなこともあって、福栄小学校の話が出てきたという、そんな感じだ」

上村市長「どこで勉強できるかという環境となると、福栄小かなと。市内でホームステイや地域の交流もしてもらっていたので。とはいえ、希望があったからすぐに貸しましょうとか、ましてや売り渡すなんて、あり得ない話だ。福栄地区の方々に聞いてみたら、たくさんの反対があった。だから、こちら（拠点化）は中止したという流れだ」

――廃校を狙うのは中国の常套手段だ

上村市長「あくまで貸すということで、ましてや売るなんてとんでもないし、彼らとして短期間滞在するのに、ちょっと触りたい（改修したい）という話はあった。そこを、じゃあ具体的にどこをという前に中止になったので、具体的にどこをどうというわけではない。そういう話（改修工事）はあった」

ウイグル人弾圧や天安門事件はスルー？

――中止するという話だが、再び交流するとなると、義務教育の子供たちに与える影響は大きい。本当のこと、本当の歴史を知る機会が奪われるのではないのか。例えば、天安門事件やウイグル人弾圧、国際社会では当たり前のように批判されているが、こんな話ができるのかどうか、非常に疑問だ。教育長に伺う。そのあたりの話はどう考えているのか

竹田教育長「一つ大きな課題だ。やはり、政治的な話は向こうの先生も言っていたが、なかなかそういう意見は出しづらい。今の国際情勢の課題として議論したり討論したりと、交流を進めるなら、そういう風に持っていかねばならないと、個人としては思っている」

――竹田教育長は定例会で、どんな国であっても、多様性が大事だと語っていたが、この言葉は万能ではない。中国については、トランプ大統領もバイデン大統領も、ジェノサイド国家だと認定している。そんな中国で軍事訓練をやっている海淀学校と付き合うわけにはいかないと思うのだが

竹田教育長「考えることが大事だと、とらえてもらうことが大切だと思う。分からないことを言われたからダメだとかではなく、こういうことだからダメなんだ、こういう事象があるから、こうなんだと。そういう風に自分なりに考えて、自分の対応を決定してく、そういうことが大事なのではないか」

――年端《としは》のいかない子供たちが自分で考えられるとは思えない

竹田教育長「小学校の低学年くらいでは非常に難しいかも分からないが、低学年なら低学年なりに交流しながら、例えば、スマホで連絡をとるとかいう話も出たのだが、向こうの実情というのか、国が情報を掌握しているので、民間で情報を入れるわけにはいかないから、そこは説明しながら

考えさせる。後はどういう形にしたらよいのか、自分で考えてもらう。そういう機会を設けていくことが大事だ。ここから先はダメ、この年齢から上はOKとか、そういうわけにはいかない」

以上、長くなったが、インタビューは、ほぼこの通りである。終了後、上村市長が拙著を取り出し、サインを求めてきたのには面食らった。一瞬、迷ったが、サインをすることによって、海淀学校との交流問題に関する考察が甘くなってはいけないと言い聞かせつつ、快諾した。

上村市長も竹田教育長も、言葉では将来にわたる海淀学校との交流中止を強く匂わせているが、筆者は両氏から、交流継続に未練たっぷりという印象を受けた。確かに、異文化を知り、相互理解を深めることは大切だ。人口減少に悩み、地域の活性化を図る自治体が、主体的に国際交流を図るのを、頭から否定するものではない。

ただ、市と市議会の責任において相手を選ぶことは大切だ。また、国際交流には地元住民の理解が欠かせない。市には海や山、城跡など、歴史遺産に恵まれた観光資源がたくさんある。上村市長と市議団が訪中して海淀学校を視察した際、海淀学校側は「ビジネスをやろう。金はたくさんある」と甘言を弄してきている。彼らの言い分からは、子供たちの交流というレベルをはるかに超えて、東かがわ市で交流を踏み台とした拠点化づくりという、戦略的な思惑が透けて見えるのである。

その罠に国家レベルではまったのが、中国の巨大経済圏構想「一帯一路」で債務漬《づ》けとなって、港湾など重要インフラを差し押さえられたスリランカなどの途上国である。市は、危険な中国マネーに頼るのではなく、眠っている東かがわ市の観光資源の有効利用を考えてみたらどうか。これを機会に市は頭を冷やし、海淀学校との交流をきっぱりと諦めるのも見識だ。

中国当局は長期戦略で過疎地を狙う

こうした現状について、東かがわ市を選挙区とする国民民主党共同代表、玉木雄一郎衆院議員はどう見ているのか。玉木氏は、「中国共産党の影響力の強い学校との交流は慎重にやらなければならない。そこは上村市長ともよく話している。日本の安保は過疎の進むところから崩れていく可能性があるという、象徴的な事例だ。中国との交流は経済安全保障の問題でもある。しっかり監視しなければならない。同時に、（地域活性化に悩む）地域を、政府や自治体がきちんとサポートする仕組みづくりも欠かせない」と語る。

東かがわ市にある県立三本松高校ＯＢで元横須賀地方総監（海将）の高嶋博視《ひろみ》氏に、市と海淀学校との交流をめぐる問題について、電話と電子メールで話を聞いた。

――東かがわ市が、海淀学校との交流再開に含みを持たせている。ウイグル、香港などでの人権弾圧が国際社会の批判を浴びている中国共産党の強い影響力がある学校と、東かがわ市の義務

教育下にある児童、生徒の交流が望ましいと言えるか

高嶋氏「端的に言えば、大変憂慮している。本件は、田舎の一地方の問題と捉えると判断を誤る。東かがわ市は人口減少が急激に進んでおり、藤井秀城前市長は、何とかこれを阻止、改善しなければいけないと危機感を持っていた。その対応策の一環として、海淀学校との交流を推進したと推察しているが、極めてリスクが高い、いわば諸刃の剣だと思っている。現在の上村市長は、前市長の置きみやげをもらった形になっているが、彼自身の考えを彼から直接聞いたことはないので、本音のところは分かりかねる。私の結論としては、拠点化はもちろんのこと、今後の交流についても再度検討する、あるいはやめるのが望ましい。政治と教育は別という言い方もあるが、先方（海淀学校と中国共産党）が一枚岩である以上、その論理は通じない。

福栄の拠点化案は、一部議員と住民が騒ぎ出したために、あるいはそのおかげで中止になったものと承知している。もし、表面化していなければ、淡々と進められた可能性もあり、危うさを感じる。子供たちの国際交流自体は望ましいが、相手を峻別する必要がある。海淀学校との交流の理由の一つとして、地元生徒・児童の英語能力の向上を挙げているとのことだが、そうであれば、英語ネイティブの国との交流が最善であり、交流の理由にはならない」

――海淀学校側は、旧福栄小学校を拠点化するため、東かがわ市に同校の貸与を求めてきた。さすがに東かがわ市も断念したようだが、過疎地に大勢の中国人児童や生徒、保護者やスタッフが定着するのは、安全保障上も大変憂慮される

高嶋氏「先方当局は、入念な情報収集と緻密な分析を行い、長期戦略をもって食指を伸ばしてきていると判断すべきだ。脆弱なところがピンポイントで狙われる。東かがわ市の基幹産業である手袋産業などの経済的な側面など、多々理由はあると推察するが、愛する郷里が先方の手に落ちないことを願うばかりだ」

千丈の堤も蟻の一穴より崩れる

東かがわ市の上村一郎市長も竹田具治教育長も、筆者のインタビューでは海淀学校との交流中止を明言しつつ、交流再開にも含みを持たせる言いぶりだった。なぜ、海淀学校との交流にこだわり、交流をきっぱりやめられないでいるのか。

市執行部、市議会の推進派は、海淀学校との交流がダメだというのなら、その理由を具体的な根拠やデータで示せと主張しているのだという。

まず、海淀学校は中国共産党の強い影響下にある。海淀学校と中国共産党が別物だというその認識を改めねば、子供たちを間違った方向に誘導してしまいかねない。

中国共産党が軍事という「ハード・パワー」だけでなく、文化交流という名の「ソフト・パワー」、それを武器に中国共産党の意向を世界に広める政治的なプロパガンダとしての「シャープ・パワー」を駆使して他国に影響力を強めていることは、同盟国アメリカや友好国オーストラリア、カナダ、ヨーロッパを見れば明らかである。拙著『静かなる日本侵略』（ハート出版）や『日本が消える日』でも詳述しているし、オーストラリアの大学教授クライブ・ハミルトン氏の著書『目に見えぬ侵略』にも明らかである。

そもそも、丸ごと合宿しにやってくるということ自体、アメリカで閉鎖が進んでいる孔子学院（後述）より、タチが悪い。中国には、二〇一二年に施行された国防動員法があり、有事のときは、中国内外の中国人がみな、国家の統制のもとで共産党に忠誠を尽くすことが義務づけられている。日本の常識では想像できないような国が、中国であり、中国共産党である。憲法、そして政府の上位に位置するのが、中国共産党なのである。

東かがわ市当局は、国家体制が違う国どうしでも、交流して多くを学んでほしいという。だが、海淀学校を相手に、それは無理筋だ。他にも自由と民主主義という共通の価値観がある国がたくさんあるのに、あえて海淀学校にこだわる理由はなかろう。交流相手が見つからぬなら、慌てて危険な学校に手を差し出す必要はない。

義務教育下のまだ年端もいかぬ子供らが、中国共産党の強い影響下にある海淀学校の本質を理解できるとは思わない。天安門事件や香港国家安全法、チベット、台湾の話を聞かせてみるとよい。相手側の教員、生徒はなんと答えるのか。

などと主張すると、排除の論理を振りかざしているように見えるのか、人権侵害、人種差別にあたるのではないかと批判する向きもある。人権侵害、人種差別はあってはならない。そんなことは言わずもがなである。むしろ、誰であれ、ウイグル人や香港への弾圧をやめない中国の代弁をすること自体が、人権侵害にはならないか。

東かがわ市の場合、仮に将来、中国の児童、生徒を呼ぶだけ呼んでおいて、「やはり、あなたたちの国は危険だから、街から出ていってほしい」などと言ったら、それこそ先方に失礼だし、交流をきっかけに定住を始めた人の権利を奪うことになりかねない。そういう事態を未然に防ぐためにも、海淀学校との交流を見直すのは、教育に携わる者の責務である。

ここまで言ってもなお、市議会関係者に聞くと、「全体主義だろうが、社会主義だろうが、どんな国とでも交流することが大切だ」という市議もいるというのだから、これほど無責任な考えはなかろうと思う。そんな国の学校との交流は、日本の国益に関わる大問題である。将来、日本を背負う子供たちにとっても、日本にとっても、大変危険なことだ。

「中国の夢」などと言って、世界の覇権を目指すと公言してはばからない習近平政権の中国と付き合うことは、ヒトラーのナチスやスターリンのソ連と付き合うことと大差ないと言っても過言ではなかろう。そのデメリットから来るリスク、危険に対し、東かがわ市は全責任を負うことができるのか。同じように現在の中国との交流をすでに行っている自治体や民間団体も、同様のリスクをはらむ。相手を峻別せねばならないゆえんである。

海淀学校による旧福栄小の拠点化計画は市の方針で中止となった。しかし、中止を決断するまでのあいだ、東かがわ市側は反対派に対して、住民説明会などで、乗っ取られる可能性については根拠がないと主張していた。しかし、考えてもみてほしい。福栄小という施設を「乗っ取りますよ」と言いながらやってくるわけがあるまい。その浸透の仕方は、ウイグルやチベットなど周辺地域への中国共産党の浸透ぶりが明確に示している。彼らは微笑《ほほえ》みながら仲間を装って移住し、あるとき突然、「ここは四千年前から中国の領土である」と宣言する。それは、亡命ウイグル人の証言や歴史に明らかである。ヨットを持ち込んだり、廃校を宿泊施設として使用させてほしいなどという要求自体、半永久的に居座る可能性を予見させる。実際、海淀学校のトップが北京を視察に訪れた市議団に対し、「日本のたくさんの自治体に同じような話を持ち込んだが、東かがわ市以外、すべて断られた」と答えているのが不気味だ。

旧福栄小の拠点化はなくなったが、先にも述べたように、海淀学校関係者が別の不動産を物色しているという市民の証言もある。東かがわ市が、こうして乗っ取られる初めてのケースにならないという保証はない。

また、海淀学校との交流賛成派は、「中国共産党が許しがたいから海淀学校との交流がダメというのは、暴論だ」とも主張する。それに対する筆者の答えは、「暴論でも何でもない」というものだ。例えば、反社会的集団である暴力団と、そのフロント企業を切り離して考えるというのと同じである。海淀学校は中共の強い影響下にあり、一体の存在である。切り離して考えろという方が、問題である。

賛成派はまた、英国や豪州にも海淀学校があるが、問題が起きているとは聞いていないという。

しかし、いま問題が起きていないから将来も起きないとは言えまい。当初、中国共産党のプロパガンダ機関としての役割を隠して世界各地で開設が歓迎された孔子学院は、米国やカナダなどで閉鎖が相次いでいる。海外にあるという海淀学校も、その本性を現して地元の反発を招かないと、どうして言えるのだろうか。

交流賛成派は、今まで何の被害も出ていない、なぜ海淀学校を排除するのかというが、その発想がすでに中国、海淀学校側に取り込まれている証拠だと指摘せざるを得ない。反対運動が起きて住民に亀裂が生じ、賛成派と反対派が互いに疑心暗鬼になっていること自体、海淀学校側との交流をきっかけに被害が出ていると言える。それに気づかないのが、この問題の根が深いところだ。これは、中国側による分断工作である。相手の内部を分断し、自分たちの代弁者を作ることが、浸透工作のイロハなのである。

今まで何もないから今後も何も被害はない、などというナイーブなことを言っている時点で、東かがわ市をいかに危険にさらすことになるかが、分かっていない。そんなことでは、この国や地域、故郷は守れない。廃校を宿泊施設に利用させろだの、ヨットをやらせろだのと言ってくる海外の学校が、どこにあるのか。逆に教えてもらいたい。

千丈の堤も蟻の一穴より崩れる。東かがわ市が蟻の一穴とならぬよう、関係者には目を覚ましてもらいたい。

第二章　中国に買われる古都・京都の街並み

外国資本に買い漁られる京都

梅雨も明けて久しいというのに、線状降水帯が日本列島を飲み込むように居座っていた令和三（二〇二一）年八月十七日。ゲリラ豪雨の合間を縫って、JR京都駅からタクシーで京都市東山区の清水寺《きよみずでら》周辺に向かった。清水寺と言えば、修学旅行生の定番中の定番として知られる。思い切った決断をするときなどのことわざで、「清水の舞台から飛び降りる」と使われる音羽山清水寺のことで、北法相宗の総本山を指す。高い崖に張り出して作られた骨組みがむき出しの舞台があり、その崖から飛び降りると所願成就の際にケガをせずに済み、あるいは死んで成仏できると言われ、身を投げる者が絶えなかったとされる。

京都は仕事や観光で何度も来たが、清水寺だけは、いつでも来られるような気がして立ち寄らず、修学旅行でも訪れたことがなかったため、結局、取材で訪れた今回が初めてとなった。もっとも、お寺まで行ってお参りする時間はこの日もなく、手前で折り返さざるを得なかったのは何とも残念だった。

タクシーを降り、市内を南北に走る東大路通りを北に見て八坂の塔（法観寺）を目指して石畳をのぼった。コロナ禍と折からの雨のせいだろう、観光客はパラパラと数えるほどしかいない。外国人観光客も、わずかに男女のカップルが一組いただけだ。日本でも屈指の観光スポットではあるが、浴衣《ゆかた》姿の日本人観光客が数えるほどいるだけで、閑散とした光景が広がっていた。コロナ禍に見舞われる前なら大勢の観光客でごった返していたであろう、昔ながらの木造家屋の街並みを独占した気分になる。ちょうど三年前、立命館孔子学院を取材するため京都を訪れた際に、近くの金閣寺を観光したのだが、聞きしに勝る混雑ぶりで、冗談抜きで、多くの外国人観光客で芋洗《いも》い状態だった。情緒も風情もへったくれもなく、想定内とはいえ、興ざめしたものだ。

中国資本に狙われる清水寺周辺
＝2021.8.17、京都・八坂界隈（筆者撮影）
※本文とは関係ありません

そんなことを思い出しながら歩みを進めると、聖徳太子が建立した八坂の塔が見えてきた。塔全体から醸《かも》し出される厳《おごそ》かなたたずまいが、何とも言えず、見る者を圧倒する。国内外の観光客には本来、こうした雰囲気の中で観光を楽しんでもらいたいものだと思った。

そんな清水寺界隈を歩いていて目に留まったのが、中国系とおぼしき企業が発注した、工事中の物件だ。事前の取材で見当をつけていたので、その特徴からすぐに分かった。「京都市伝統的建造物群保存地区条例による許可済」との掲示がある。突飛《とっぴ》な建物を建てることなく、色や形など、周囲の景観を守ることが条件となっている。この物件については、合法的に取得した発注者に迷惑がかかるので、場所が特定できるような書き方は避ける。誤解を与えぬよう何度も言うが、こうした取材は、旅館やホテルの買収や営業への妨害が目的ではないからだ。

とはいえ、この界隈も中国系資本に買収されているというのが噂ではなく事実であることを確認でき、複雑な思いにかられたのも事実だ。地元の不動産関係者に聞くと、オーナーの親族は中国本土の不動産会社経営者で、中国共産党幹部に連なる有力者だという。価格はおおよそ十～二十億円になるという。

ほかにも、オーナーが外国人と見られる工事中の物件があった。これも清水寺界隈にある。このあたりでは、コロナ禍で客足が激減し、物件を手放す人が少なくないという。古くから、住居というより、寺社仏閣由来の土地柄であり、そうした関係者が居住していたこのエリアは、今でも好んで住もうという人が少ないのだという話を、地元住民に聞いた。つまりは、物件を売りたくても日本人の買い手が付きにくく、結果、中国系など外国資本が入ってくる土壌となっているようでもある。

町の一角を丸ごと「買い占め」

この清水寺界隈だけではない。古都に衝撃が走ったのは、平成三十（二〇一八）年一月のことだ。中国系資本による「町の買い占め」が明らかになったからだ。現在はコロナ禍でかすんでしまったが、コロナ禍が落ち着いたら、買い漁りがさらに激しくなりそうなので、ここに記しておきたい。

一月二十九日、中国系米国人でベンチャー投資家の薛蛮子《せつばんこ》氏が、中国版ツイッター「微博（ウェイボー）」に、ある投稿を寄せた。その内容は「京都の通りを、ひと思いに購入した」というもので、翌日には、十一軒の古い町家が立ち並ぶこの通りを「蛮子花間小路」と命名し、石畳にする工事を始めたことを明らかにした。

これを報じたNHKによれば、中国の投資会社「蛮子投資集団」は平成三十（二〇一八）年に、半年の期間で一二〇軒もの不動産を買収したという。中には、町家が路地に並ぶ一画を丸ごと買い、そこを「蛮子花間小路」という中国風の名前で再開発するという計画も含まれていた（『かんさい熱視線』平成三十年六月二十九日）。

これをきっかけに、中国国内のインターネット上で、中国人による日本国内の不動産投資がにわかに注目を集めたのだ。薛氏は、町家を改装した後、民宿として訪日中国人観光客に提供していくと書き込んでいた。

では、京町家とは、具体的にどういうものなのか。何となく、木の格子があって、古くて黒っぽい家屋、というイメージを持たれている読者も、少なくないのではなかろうか。

ここで、京都市都市計画局が作成した資料から、町家について説明しておきたい。

それによると、京町家は、千年を超える歴史の中で磨かれてきた、京都の美しい景観や奥深い生活文化の象徴であり、京都だけではなく日本の、そして世界の宝である。そこでは、日本人が大切にしてきたくらしの美学、生き方の哲学、洗練された美意識などが、脈々と受け継がれてきた。京都市では平成十二（二〇〇〇）年に「京町家再生プラン」を策定し、住居のほか、商業施設や文化・芸術施設等としての活用が進んでいるという。

中国系企業に買収される京都の街並み
＝2021.8.17、京町家の一角（筆者撮影）
※本文とは関係ありません

その一方、今なお毎年約八〇〇軒もの京町家が消えており、空き家も増加し続けているのだという。そこで、このままでは「京都が京都でなくなる」という危機感のもと、平成二十九（二〇一七）年十一月に「京都市京町家の保全及び継承に関する条例」を制定するとともに、三十一（二〇一九）年には「京都市京町家保全・継承推進計画」を策定し、官民一丸となって保全に取り組んできた。

京町家の起源は平安時代だ。地方から京の街に出てきて、ものづくりや商いを営んでいた人々が、平安京の都市住民として住み始めたのがきっかけだ。やがて、住居を大路、小路に面した空間に求め、小屋を作っていったことが、京町家の始まりと言われている。

現在の京町家の原型は室町時代に見ることができる。応仁・文明の乱（一四六七〜一四七七年）後の復興の中で住民たちは、道路を挟む両側の家々で構成される両側町《りょうがわちょう》というコミュニティを形成していったという。山形県米沢市博物館が所蔵する「上杉本洛中洛外図屏風」を見ると、当時の町家の様子が伺える。筆者はたまたま、この博物館を見学したことがあるので、この図を見た記憶がある。

江戸時代になると、大工の技術や工具の発達により、華奢《きゃしゃ》で洗練された千本格子や大広間を造ることができるようになったという。明治、大正、昭和には、二階建てやガラス窓に変化したほか、洋風の外観を持つ建物も現れるようになった。

よく知られるのは、狭い間口からは想像できない深い奥行きだ。その中に、連担《れんたん》（＝つながり）におけるルールを守りながら、公と私、「ハレとケ」を使い分け、自然とも触れ合うことができる知恵や工夫がつまったものとなっている。「ハレとケ」とは、民俗学者の柳田國男によって見出された日本人の伝統的な世界観のひとつである。民俗学や文化人類学における「ハレ（晴れ、霽れ）」は、儀礼や祭りといった年中行事における「非日常」を意味し、これに対し、「ケ（褻）」は、普段の生活である「日常」を表している。

そんな日本独自の伝統文化を持つ京町家なのだが、のちほど紹介するジャーナリストの清野《きよの》由美氏が指摘するように、伝統ある京町家に漢民族の粋が継承されていると中国人が信じており、そこにDNAレベルで郷愁を感じてはいるが、リスペクトはしていないというのだ。中には、京町家の起源は中国（漢文化）だと信じている人もいるというのだから、何とも勝手な人たちである。ただ、仏壇や神棚とともに、中国由来の守り神「鍾馗《しょうき》さん」が出入り口によく掲げられるというから、中国の人たちが京町家に思いを寄せる気持ちも、あながち分からないでもない。

そんな京町家ではあるが、観光地ではなく、あくまで居住空間である。祭りや伝統行事で地域が協力し合い、絆を深めている場所だ。そんな中、民泊施設と称して外国資本、とりわけ中国系資本がこうした物件を買い漁っている姿に対し、地元の住民も、もろ手を挙げて歓迎しているというわけではなさそうだ。

京都市内のある大手不動産会社は、中国系企業とも取引があることから、企業イメージを気にしてか、筆者の取材を断ってきた。代わりに、筆者のかねての知り合いで、日本を代表する先染め織物で有名な西陣織の関係者は、「どうにもこうにも、中国人がやってきてバンバン町家を買いよる。コロナ前なんかは、中国人観光客らでワイワイ、ガヤガヤ大変やった。情緒どころじゃありまへん」と、ぼやいていた。この西陣織関係者だが、京都・嵐山に持っていた古い別宅を、外装も内装もいじらないことを条件に中国人に売ったところ、約束を破って改築され、庭も風情のないものに変えられてしまったと悔《く》いていた。

しかし事態は京町家どころではない。京都を代表する上七軒《かみひちけん》、祇園甲部《ぎおんこうぶ》、先斗町《ぽんとちょう》、祇園東《ひがし》、嶋原《しまばら》、宮川町《みやがわちょう》の六つの花街（かがい／はなまち）のうち、清水寺と八坂神社のちょうど中間地点に位置し、市内を流れる鴨川の東岸に並ぶ宮川町が、中国系資本のターゲットになっているというのだ。市内の不動産事情に詳しい関係者によると、「登記上は本当の所有者が分からないから、厄介なのだ」という。多くは日本企業の所有として登記されているが、実態は「中国投資家→香港ファンド→シンガポールファンド→日本企業A→日本企業B→花街購入」というような、複雑なルートをたどるのだという。

ちなみに、北海道などでは、自治体と組んだ中国系資本が、カリブ海にある英領のタックスヘイブン（租税回避地）、ケイマン諸島に本社を登記し、真の所有者不明という中で、水資源などが買収されているケースも少なくない。

さて、そんな京都人気の中、コロナ禍で来日もままならない中国人らのためにできたのが、中国東北部の遼寧省大連市にある「盛唐・小京都」だ。京都の風景を再現した中国最大級となる複合施設として、鳴りもの入りで開業したのだが、わずか一週間あまりで営業を停止した。地元政府の命令だ。再開の時期は未定という。この施設は、日本の商品を売り込む一大拠点をめざして二〇二一年八月二十一日に正式に開業したばかりだったが、ネット上で「日本文化による侵略だ」などと批判が集まったことが要因という。運営する地元の不動産会社、大連樹源科技集団の幹部は「大連市政府から八月三十日夜、営業の暫定停止を指示された」と説明した。

日本経済新聞によると、市政府は理由として「ネット上で批判が集まった」ほか、「客が密集して新型コロナウイルスの対策で不利だ」などと説明したという。

第一期事業の二十九店舗は、パナソニックの家電販売店、北海道や広島県の物産店、日本料理店などで、閉鎖は経営にとって打撃となる。別荘の販売は引き続き行うというが、開業後も中国版ツイッター「微博」では、ユーザーから「大連は日本がかつて占領していた町。日本文化による中国への侵略だ」といった批判が多く書かれた。その一方で「日本企業の誘致は他の都市もやっている」と擁護する意見もあり、ネット上で論争になっていた。

大連市政府は、これまで同事業を全面支援し、二〇一九年四月に東京で開いた調印式には大連市長も出席している。しかし、ネットで批判が高まる中、対応を迫られた形だ。同施設は約六十万平方メートルの土地に、店舗や別荘などを建設する事業で、総工費は六十億元（約一千億円）。二〇二四年に完成予定だった。

日本の土地に群がる中国人

さて、薛蛮子氏が中国版ツイッター「微博」に書き込んで話題を呼んだ、「蛮子花間小路」を報じたインターネットのニュースサイト「レコード・チャイナ」（二〇一八年二月二日付）から引用する。

それによると、この書き込みに注目した中国系ポータルサイト「網易新聞」は、一月三十一日付の電子版で、「なぜ中国人は日本で不動産を購入したがるのか?」と題する記事を掲載した。

記事は、中国の不動産サイト「房天下」が発表した「中国人の海外不動産購入レポート二〇一六」の情報として、「日本は中国人にとって第四の海外不動産の購入目的国になった」と紹介している。また、「不動産購入ブームの中に身を置いているのは富裕層だけに限らない」として、中間層の存在も指摘している。月収五千元(約八万五千円)以上の中間層や富裕層を対象に日本貿易振興機構(JETRO《ジェトロ》)が実施したアンケート調査では、日本は四〇・二%と、「今後行きたい国」の一位になったという。

中国人の不動産購入には、「不動産を持つべきだ」という伝統的な観念や「安心感」といった要素の働きかけも少なくないとし、「職場が変わろうが、日常生活に予期せぬことが起きようが、自宅は根を下ろせる安住の場所。住宅という概念を超えて心の拠り所となっている」とも指摘している。

やはり、中国人にとって日本の不動産を購入する最大の魅力は、「購入した物件を永遠に所有できる」ことにあるのだろう。中国では土地がすべて国有であり、国民が得られるのは、七十年間の借用権と土地の使用権だけである。中国当局の「城市房地産管理法」(都市不動産管理法)第二十二条によると、土地使用権譲渡契約期間の七十年が過ぎると、住宅保有者は当局に手続きを出して、新たに七十年の使用権を申請して土地使用権譲渡金を支払う必要があるのだという。

中国当局は「社会公共利益の需要に基づいて、住宅保有者が申請しても、その土地を回収することがある」らしい。

中国のネットユーザーによると、日本などで住宅を購入する利点は、土地権で悩まされることがなく、国から急に土地を徴用される恐れもないことだという。さらに、自分自身だけではなく、子供や孫の代も、その所有権を受け継ぐことができるというメリットがある。また、日本の住宅価格が中国より安い点もある。中国は不動産価格の急上昇で、上海や北京などの大都市の住宅価格は、すでに東京より高くなっている。円安ともなれば、よりお得な値段で、日本での物件を手に入れることができる。

三つ目は、投資収益の拡大が望めることだ。当時は二〇二〇年東京オリンピックを控え、東京都内の物件の相場上昇が期待できた。二〇〇八年北京オリンピックの際には、〇三年から〇八年までの五年間に、北京市内の住宅相場は二倍に上昇した。

中国人投資家は、物件を購入した後に大家として物件を賃貸に出せば、満足できる賃料収入が見込めると考えているという。さらには、住宅ローンの金利の低さがある。

日本のみずほ銀行や三菱東京UFJ銀行など主要銀行の住宅ローン実質金利（三十年固定）は当時、一・三六二％～一・七八〇％などとなっていた。中国の金融情報サイト「融三六〇」によると、二〇一八年一月現在、中国で一軒目の住宅を購入する場合、住宅ローンの金利は平均的に五・三八％だという。中国当局は、融資期間五年以上の商業用ローンの基準金利は四・九％を設定しているが、各地の不動産価格の抑制政策によって、各銀行が住宅ローンの金利を五～二〇％引き上げたという。

最後になるが、注目したいのは以下のような理由だ。日本の住宅購入を通じて、将来的に日本へ住むことを望んでいる人が多いからだという。日本への移住である。背景には、日本と中国が地理的に近いことや、両国の文化、特に食事が似ている部分が多いため、日本に住んでも不便や不自由を感じないことが挙げられる。そして、こうした移住への道を後押ししているのが、日本の法制度である。

日本では、外国人が不動産投資を行い、賃貸物件を持つ場合は、不動産事業を経営をしていると見なされ、「投資・経営」の在留資格を与えられるため、日本での常駐が認められるのだ。これを推奨しているのが法務省の出入国在留管理庁であり、その周辺に集まる日本人行政書士らの法律事務所だ。

平成二十七（二〇一五）年四月一日施行の出入国管理及び難民認定法（入管法）改正で、在留資格はそれまでの「投資・経営」から「経営・管理」に変わっている。日本国内企業において、事業の経営・管理活動を行う外国人を広く迎え入れることができるよう、在留資格を緩和したもので、「これまでの外国資本との結びつきの要件をなくした」のが特徴だ。これにより、国内資本企業の経営・管理を行うことも、新たな在留資格によってできるようになったのである。

稼ぐなら日本の民泊

薛蛮子氏による京町家の買収の一件は三年前の平成三十（二〇一八）年一月のことだが、今やその「意思」を引き継ぐかのように、中国系企業が続々と京町家を買い漁っている。関係者によると、このうちの一つは関西に本社を置き、数十もの関連会社を有しているが、所在地はみな同じで、「ほとんど幽霊企業」（関係者）。いずれも、先ほどの経営・管理ビザを取得しているという。

このように、平成二十七年の改正入管法でそれまでの在留資格「投資・経営」ビザが、「経営・管理」ビザに変わったおかげで、こうした幽霊カンパニーが雨後の竹の子のごとく登場したことについて、出入国管理庁はしっかり監督すべきである。

京都の場合も、関西の出入国管理局がよほど怠慢なのか、あるいはビザ申請する中国系企業側、もっと言えば、背中を押す日本の行政書士が小手先を弄しているのか、そこは判然としない。しかし、入手した手元の資料を見る限り、明らかに名前だけのダミー企業だろう。同じビルのフロアに数十社も同居できるわけがない。中国系企業のビジネスを妨害するつもりは毛頭ないが、これは国籍が日本であれ、どこであれ、不自然である。

この経営・管理ビザについて、もう少し見ていこう。

そもそも、入管法が改正された背景には、対日投資が平成二十（二〇〇八）年をピークに減少傾向にあり、諸外国と比較してもそのレベルが低いことへの政府の危機感がある。生産性の向上や雇用拡大に向け、さらなる対日投資が必要との観点から、投資の障壁となるものを緩和していこうというものだ。その一つが、在留ビザの緩和である。貿易の自由化、資本の自由化など世界経済の自由化に対応し、外資系企業の経営者、管理者等を外国から受け入れるために設けられた。

その結果、平成二十七年の入管法改正で、海外にいる外国人が日本で起業しやすくなった。以前の「投資・経営ビザ」の在留期間は、「五年・三年・一年・三カ月」だったが、改正後の「経営・管理ビザ」は、これらのほかに「在留期間・四カ月」が追加され、「在留カード」が取得できるようになったのが特徴だ。

この在留カードが発行されれば、各市区町村へ住民登録が行えるようになり、会社設立の際に必要な「印鑑証明書」を取得することが可能になる。以前の「投資・経営ビザ」を申請する際には、「会社の登記事項証明書」を提出する必要があったが、改正後は、「定款」や「事務所の概要を明らかにする資料」など、会社を設立しようとしていることが証明できる書類を入管局へ提出すれば「在留期間・四カ月」の「経営・管理ビザ」が取得できるようになったのである。

さて、こうして簡単に経営・管理ビザを取得できるようになったことも外国人、とりわけ地理的に近く経済力のある中国人にとっては朗報だが、それ以上に魅力なのが、日本の環境なのだという。

中国は戸籍制度が原因で、住むところによって、本人を含む家族らが受けられる医療サービスと社会保障、そして子供の教育環境に大きな格差が生じるという。日本や米国、オーストラリアなどの外国に行けば、国内より優れた環境を共有できる、というのも彼らにとって魅力なのだという。中国人ネットユーザー「混世魔王５０５０」は、「日本の環境はいいし、医療設備もいい。食品も安全だ」とのコメントを寄せている（エポックタイムズ二〇一八年一月三十一日付 電子版）。

薛蛮子氏の書き込みが話題を呼んだ二〇一八年、この年の暮れに、興味深い記事がネットに掲載された。中国共産党機関紙「人民日報」系列の「北京週報」（二〇一八年十二月二十四日付 電子版）である。

同紙は「中国人のあいだで日本の不動産が人気に　民宿施設にすれば儲《もう》かる？」と題し、日本の不動産を購入して民泊施設にリノベーションすることは、今それほどの人気なのだろうか、と日本に住んで四年になるという民泊施設経営者の李簡さん（仮名）を取材し、日本での不動産購入について聞いた――としている。記事の概要は以下の通りである。

李氏は三〇〇万元（約五一〇〇万円）で物件を二軒購入し、民泊施設で利益を上げているという。李氏が日本に住むようになったのは、旅行がきっかけだ。二〇一三年、北海道を旅行した李氏は、森林カバー率が七〇％以上のその地が気に入り、「北海道の景色は北欧にも負けない、そこに住みたいと思うようになった」と振り返る。一年後、李氏は妻とともに、当時の「投資・経営（改正後は経営・管理）」ビザを取得し、北海道に住むようになった。

李氏は、「北海道の一戸建ての家を二軒買った。一軒は築三年の新しい物件で、もう一軒は築二十五年の中古物件。一部をリフォームして合計三〇〇万元使った。二〇〇万元の家を買うと、印紙税、登録免許税、不動産取得税などで約二万元かかるが、コストとしてはそれほど高くない。

土地も家も永久所有権があり、毎年の固定資産税も評価額の一％だ。一戸建ての場合、マンションのような管理費も必要ない」と購入のメリットを説明する。当時、李氏は日本が「観光立国」を推進し、各国にビザの発給要件を緩和しているため、訪日外国人が激増していることを知ったという。

二〇一七年、訪日外国人は以前に比べて二〇％増え、その数は年々、右肩上がりとなっていた（さすがにコロナ禍で二〇二〇年からは減っている）。東京や大阪、北海道などの旅館は予約でいっぱいで、ホテル・旅館は三〇％以上、不足していた。

李氏は、「その当時ちょうど民泊が大人気となり、購入した物件二軒を二〇一五年初めにリフォームして、一軒は全て民泊施設にして、もう一軒は自分たちが住みつつ、一部を民泊施設にしているという。民泊許可を取得しているので、部屋を年間一八〇日間、貸し出すことができる。一年の半分ほどではあるものの、日本の宿泊料金は高く、北海道なら、一人一泊五〇〇〜六〇〇元（八五〇〇円〜一万二〇〇〇円）、二人で一泊八〇〇〜一〇〇〇元、一軒単位で貸すと一晩三〇〇〇元からとなる。だから、一八〇日間だけでも十分な収益になる。しかも北海道は、冬のシーズンが十二月〜三月中旬で、春・夏のシーズンが五月〜九月中旬だから、一八〇日間もあれば十分で、残りは、友人に泊まってもらったり、空けたままにしたりしているという。

正直な話、こういう具体的な中身は、時間と金をかけないと、なかなか聞けない。同胞だと気安さも手伝って話しやすいのだろうか。どこまでも具体的で参考になる。

さて、この李氏の計算では、一軒全てを貸し出している物件の年間投資利益率は一八％、一部を貸出している物件の年間投資利益率は一五％で、平均一六・五％になる。ここ数年、李氏の紹介で日本の不動産を購入して民泊施設にしている友人は十人以上おり、年間投資利益率は約一五％だという。不動産バブル崩壊後の「失われた二十年」では、日本人のあいだで不動産投資はあまり話題になってこなかった。その間隙を突くようなビジネス展開である。

北京週報は、「日本では家が余っており、田舎には無料で住民を募集している家もあるほどだ」と伝えている。それらの「無料の家」は、ほとんどが辺境な田舎にあり、ＪＲの駅からも遠い。李氏は、日本で不動産を購入するなら、人気の観光都市の物件がお勧めだとしている。

ただ、気をつけねばならないのは、同じように不動産を購入して民泊施設にするとしても、都市によって政策も異なることだ。平成三十（二〇一八）年六月から施行された住宅宿泊事業法（民泊新法）は、以前はグレーゾーンだった日本の民泊を正式に合法化すると同時に、厳しく規制もした。例えば、京都では毎年一月十五日～三月十五日のみ解禁とし、兵庫県は、住居専用地や子育て施設の周辺では年間を通じて営業を禁止している。

《筆者注：この民泊新法では、まず民泊の経営がそれまでの野放し状態から「届け出制」となり、許認可の要件が明確になった。これにより、民泊の数や位置を行政がようやく把握できるようになったのである。民泊新法のような規制は、観光産業のより良い育成にとって必要なことだが、全国に一律の縛りをかけるのでは、立法の趣旨があべこべになる。民泊として営業する日数の上限を全国一律で年間一八〇日と定めたのでは、田舎こそ必要とされる、観光による活性化が期待できないからである。前出の、観光・ツーリズムの専門家でもあるジャーナリストの清野由美氏は「（海外で人気の民泊サービス）Airbnb《エアビーアンドビー》などで地方を活かすには、一年を通した宿泊許可こそ必要だ」と主張している》

　こうした中国人による投資により、二〇二〇年（コロナ禍で一年延長された）の東京五輪開催、二五年の大阪万博開催などが刺激となり、日本の一部の地域の土地や不動産は高騰している。しかし、前出の李氏は、短期的な不動産転がしをするなら日本は不向き、との見方を示し、「日本人は家の購入にそれほど熱心ではなく、『不動産転がし』という概念はほとんどない。多くの日本人は、四十歳くらいまで働いて、貯金がある程度できてからマイホームを購入する。それに、日本は、伝統的な意味での移民国家ではないため、不動産転がしをしたいと思って不動産を購入しても、次の買い手がなかなか見つからないだろう」と語っている。

　さらに、ここ数年の日本の不動産価格は、英国やカナダ、オーストラリアなど人気の移民先と比べると、上昇幅は大きくないという。李氏は、「北海道の不動産価格は、ここ数年あまり上昇していない。そのため、不動産転がしは割が合わない。日本では、不動産を購入して、民泊施設にするか、賃貸として貸し出すほうが利益率が高い」とした。

受け入れ態勢以上の観光客が押し寄せる「観光公害」とも言える「オーバーツーリズム」について警鐘を鳴らした『観光亡国論』（アレックス・カー、清野由美著、中公新書ラクレ）が、京都の民泊事情について詳しく書いているので紹介したい。

それによると、京都市産業観光局が平成二十九（二〇一七）年に調査した結果をまとめた「京都観光総合調査」では、京都には外国人、日本人を合わせて、年間五千万人以上の観光客が訪れている。コロナ前の数字だが、ポスト・コロナでは、これまで行動規制された反動で、これとほぼ同程度か、もっと多い観光客が訪れることが想定されているため、多少の参考にはなろう。このうち、外国人宿泊客数は三五三万人で、宿泊日数をかけた延べ人数は七二一万人となっている。ただしこれは、無許可の民泊施設への宿泊客は含まない。この調査では、無許可の民泊施設での宿泊客数を、約一一〇万人と推計している。

観光客数に占めるインバウンド（外国人旅行客）の割合は一三・九％と、数では国内客に及ばない。しかし、観光消費額に占める外国人消費額二六三二億円は全体の二三・四％となっており、外国人観光客が「効率のよい」お客さんであることを示している。

平成二十七（二〇一五）年に発表された「京都市宿泊施設拡充・誘致方針（仮称）」によると、

観光客、特に消費額が大きいインバウンド客をあてこみ、京都市は「令和二（二〇二〇）年までに一万室の増加」を観光政策に掲げた。京都新聞の調査では「京都市内の宿泊施設の客室数が、平成二十七年度末からの五年間で少なくとも四割増の約一万二千室に増える見込み」となっている。

市の政策をはるかに上回るペースで客室数が増えているのは、インバウンドをあてこんだホテルや簡易宿所の開業が、予想を超えたスピードで増えているからだ。この年、「簡易宿所」は三倍以上に増えている。簡易宿所とは、宿泊する場所や設備を複数の人が共同で使用する有料の宿泊施設のことで、民宿、ペンション、カプセルホテル、山小屋、ユースホステルなどが該当する。

京都市が発表した「許可施設数の推移」によれば、平成三十（二〇一八）年四月現在の京都市内の宿泊施設は、ホテルが二一八軒、旅館が三六三軒に対し、簡易宿所は二三六六軒と、際立って多い。京都市における簡易宿所の新規営業数が飛躍的に跳ね上がったのは平成二十七(二〇一五)年で、前年の七十九軒から、一気に三倍以上の二四六軒に増えた。

京都市によると、住民が普通に暮らしていた町家を宿泊施設に転換する動きとも連動しているからだという。宿泊施設として新規許可を得た京町家は、平成二十六（二〇一四）年には二十五軒だったが、翌年には一〇六軒と、四倍以上になっている。

注意したいのは、簡易宿所の新規営業数が飛躍的に跳ね上がった平成二十七（二〇一五）年は、日本政府が中国に対してビザ発給条件の緩和を行った年だということだ。その前から円安が始まり、日本に来る外国人観光客、特に中国人をはじめとするアジアからの観光客の数が、爆発的に増えている。中国人観光客による「爆買い」が流行語大賞に選ばれたのも、この平成二十七年だ。

その後、京都ではインバウンド消費への期待がますます高まり、不動産のデータベースを取り扱うCBREの調査によれば、京都で平成二十九（二〇一七）年から令和二年までのあいだに新しく供給されるホテルの客室数は、二十八年末の既存ストックの五十七％に相当するとされている。これは、前年に比べて一・五倍以上の客室数が、この数年で必要とされるようになったことを意味する。

先に北海道の土地を買い漁る中国系資本のケースを紹介したが、彼らが、京都という古都の土地を買い求めていたのはなぜなのだろうか。

『観光亡国論』では、二〇二〇年の東京オリンピック・パラリンピックを前にした、観光地の土地の需要と価値の高まり、それと円安を原因に挙げる。中国に比べて日本はローンの金利が低いということも先述した。日本の不動産は定期借地ではなく私有が基本だから、いちど買ったら永久に所有できるというのも中国人には魅力であった。

つまり、私有地を持つことができる日本は、安くてお得な不動産投資先であり、地理的な距離が近い場所にいる中国人にとっては、とりわけ有利に働くのだという（『観光亡国論』）。

ちなみに、国土交通省が発表した平成三十（二〇一八）年の基準地価では、商業地の地価上昇率トップが、北海道の倶知安町《くっちゃんちょう》。この町は、ニセコのスキーリゾート地として、外国人観光客に大人気の土地だからだ。調査では、トップファイブの二位から四位までは、京都市東山区と下京区が占めている。前年に比べた変動率、つまり上昇率は、倶知安で四十五％以上、京都ではいずれも二十五％を上回っている。

京町家が抱えるもう一つの問題は、外国資本による買収のほか、町家を残すより、コインパーキングや小さなビジネスホテルを建設する方向に向かっていることだ。つまり、町家の保存から町家の破壊という動きだ。

京都市にも、古い民家の保存をうながす規制はある。しかし、重要文化財級の町家であっても、それを守り抜くような仕組みにはなっていないのだという（同書）。平成三十（二〇一八）年には、室町時代に起源を持つ、京都市内でも最古級という屈指の町家「川井家住宅」が解体された。業者は、通常よりも高い稼働率と、短い投資回収期間で宿泊施設の事業計画を作り、調達した資金をもとに、次々と町家を買い漁っていくのだという。当然のことながら、事業で最も重視されるのは利回りであって、街並みの持続可能性や、住民の平和で健全な生活ではない点が問題だ。

京都は、商業地と住宅地がきわめて近いことが特徴で、それが京都のそもそもの魅力になっている。名所に行く途中にも、人々が日常生活を営む、風情ある路地や町家が、ご近所づきあいというコミュニティとともに残っているのである。

しかし、地価の上昇は周辺の家賃の値上がりにつながる。土地を持っている人であれば、固定資産税が上がる。観光客は増えていても、京都市は高齢化が進んでおり、住民はそのような変化への対応力を持っていない。家賃や税金を払いきれずに引っ越す人が相次げば、町は空洞化し、ご近所コミュニティは、やがて街並みとともに崩壊していくことになる。

観光客が増え、彼らが落とすカネで地域が潤うというのが、京都市をはじめとする関係者の希望だろう。しかし、現実を見る限りでは、残念ながら既に、そのような楽観的なレベルをはるかに超えているという。

観光を謳《うた》う京都の一番の資産は、社寺・名刹《めいさつ》とともに、人々が暮らしを紡ぐ街並みであろう。だが皮肉にも京都は、観光産業における自身の最大の資産を犠牲にしながら、観光を振興しようと一所懸命に旗を振っている、というのが、『観光亡国論』の著者らの見立てだ。

コロナ後に再び中国人観光客が殺到する

せっかくなので、『観光亡国論』の共著者の一人でジャーナリストの清野由美氏に、令和三（二〇二一）年八月二十四日、電話で話を聞いた。

コロナ禍で全国的、世界的に観光客をはじめとする人流が止まっているが、今後の見通しについて、清野氏は、「コロナ禍が収まってきたら、インバウンドは以前より酷く、爆発的に戻ってくるでしょう。昨年、いったん緩んだときに、京都・嵐山や長野県・上高地が密になった。人々は我慢を強いられているので、そのマグマがいったん解放されたら、すさまじい勢いで出る。数年間から世界の観光地で取りざたされてきたオーバーツーリズムが、再び問題化すると思います」と語る。

オーバーツーリズムとは、「観光客の大幅な増加によって観光地が過度に混雑し、地域住民の生活や自然環境に悪影響を及ぼす状態のことであり、世界各地の観光地で問題視されている」ことをいう（ニュースサイト「ＥＬＥＭＩＮＩＳＴ《エレミニスト》」）。

先の北京週報など中国メディアも取り上げるように、なぜ中国人は、京都のような古都に興味を示すのか。清野氏は、「彼らにとって、日本の景観、とりわけ京都の景観がファンタスティックに（とても素晴らしく）見えるのです。私たちが『京都らしい』とイメージする街並みは、室町時代に作られたもので、その根底に唐文化の伝播がある。中国は漢民族と北方民族のせめぎ合いという過去の歴史があり、漢民族には本来、自分たちこそが中国大陸の中心だという意識があると思います。漢文化の粋をうつした京都の街並みは、彼らにとって素晴らしい景観に見えるのではないでしょうか。だからといって中国は、日本を尊敬しているわけではなく、自分たちにとって都合のよいテーマパークのような捉え方で、京都を楽しんでいるだけに見えます」と話す。

漢民族のＤＮＡ（遺伝子）レベルで、京都の街並みに対する郷愁があるというのか。実際、中国・大連に「ニセ京都」があるのは、先ほど紹介した通りである。中国国内の反発で開業後、わずか一週間で閉鎖の憂き目を見たのは気の毒だが、ネット上の動画を見ると、遠目では確かにそれっぽいのだが、よく見ると、でたらめのオンパレードである。日本女性を真似《まね》た中国人女性モデルの格好は、襟元をはだけた下品な和服姿ばかりであるし、扇子の柄から何から何まで「ナンチャッテ」だらけで、正視に耐えない「まがい物」のてんこ盛りである。

二〇一六年、中国・上海に本家ディズニーランドが開園する前、中国国内のとあるテーマパークに、本物とは似ても似つかない偽者のミッキーマウスやミニーマウスが登場したのを見たときは、その風貌に爆笑したものだが、インチキ京都や、わざと服装を崩した芸妓風の下品な女性の和服姿を見せつけられると、さすがに「いいかげんにしてくれ」と言いたくなる。

笑えないのは、これがいつしか彼らの中で「中国こそが今ある京都の街並みの起源であり、真似したのは、室町時代に中国大陸から文物を輸入した日本の方である」といった言説が、独り歩きしかねないことなのだ。この「ニセ京都」の存在を教えてくれた、香港在住二十年だという知人の日本人は、そう筆者に語り、眉を顰《ひそ》めるのである。

侮れないのは、彼らの資金力である。まがい物が横行する一方で、清野氏によると「唐人街探偵　東京MISSION」という、中国で人気の映画シリーズの三作目は、東京・渋谷を舞台にしたシーンで渋谷のスクランブル交差点のセットを丸々作り上げ、撮影したのだという。

韓国には、日本の茶道や柔道、剣道など、日本の伝統文化や古来の格闘技として知られるものを、韓国起源であり、日本が真似したのだと言ってきかない人々がいるが、一部の中国人の中にも、そうした発想から抜け出せない人がいるようである。そんな人たちを批判するのも大人げないから黙認しようという向きも多かろうが、誰かがビシッと否定したり、反論したりしないと、声が大きい人の話が事実として世界を歩き回るから、そこは気をつけねばなるまい。

韓国が仕掛ける、いわゆる「徴用工」の問題や「従軍慰安婦（像）」の問題も、無策だった日本政府、外務省の怠慢で世界各地に拡散し、国連機関でも日本非難の口実とされてしまったように、無視はできないのである。だからとにかく、日本のコピーなるものが出てきたら要注意だ。中国、韓国の仕掛ける「歴史戦」という名の「日本ディスカウント（貶《おと》し め工作）」と、根っこが同じだからである。

さて、話が横道にそれたが、清野氏へのインタビューを続ける。疑問なのは、インバウンドが増えた場合、どこまで地元にカネが落ちるのかという点だ。以前、鹿児島県・奄美大島を舞台にした大型クルーズ船の寄港問題を取材した際の（拙著『静かなる日本侵略』参照）、中国人による中国人のためのツアーにしかならないという試算から、地元で反対運動が起きた件を想起するからだ。

この点について清野氏は、「地元への経済還元が期待できないゼロドルツアーというものがタイで横行し、タイ政府も頭を悩ませています。ゼロドルツアーとは、中国の旅行業者が組むタダか激安のツアーで、宿泊、バス、ガイド、買い物すべて中国の業者が請け負い、売り上げが現地を素通りして中国に吸い上げられる仕組みです。日本政府もこうした実態をもっとよく勉強するべきだと思います。タイはこのゼロドルツアーを制限するため、観光、ホテルなどの取り締まりを強化しています」という。

外国人観光客の誘致それ自体は歓迎すべきことだろうし、すべてがゼロドルツアーというわけでもなかろうから、それを頭から否定するものでもない。しかし、日本政府はインバウンド四千万人計画をぶち上げており、タイで起きていることは他人ごとではないのである。大事なのは「インバウンドのマネージメントであり、コントロール」（清野氏）なのである。

日本には、例えば今取り上げた京都という古都のほかにも、後述する東日本でも屈指の温泉街である伊豆・修善寺《しゅぜんじ》というような、大事に残しておきたい土地の伝統文化がある。外国人観光客の誘致も、度が過ぎると、「気づいたら手遅れだった」なんてことにもなりかねない。

この点について清野氏は、「いや、手遅れになりかねないのではなく、手遅れという事態に突入しています。国土政策として、外資を呼び込むことは大事ですが、地面、土地を売ってはいけません。それは危なすぎるのです」と語る。日本では、私有権が法律で手厚く保護されており、いったん売ると、強制力をもって取り上げることが不可能に近いからである。

先にも触れたように、外国資本による土地取得については、令和三（二〇二一）年六月、安全保障上重要な施設周辺の土地利用を規制する法律「土地利用規制法（外資制限法）」がようやく成立した。実はこれもザル法に近く、もっと強制力のあるものに改正する余地があるのだが、こうした規制法ができる一方で、先ほども説明したように平成二十七（二〇一五）年の出入国管理及び難民認定法（入管法）改正で、在留資格はそれまでの「投資・経営」ビザから「経営・管理」ビザに変わり、外資の誘致に道を開いている。風呂の湯をためながら、湯舟の栓をとって湯を抜いているようなものである。

先述のように、京都市内の不動産関係者によると、こうしたビザを取得した中国系企業が、ペーパーカンパニーを使って町家を買い漁り、花街を物色しているのだ。

清野氏は、「外国人で日本の土地を買っている人は、日本が好きで、日本の文化を守りたいから買っているわけではなく、水資源のある場所など、重要なところに目を付けています。だいたい国土を外国人に売ることは、海外ではやっていません。英ケンブリッジ大学建築学部で客員研究を行った時、『ランド・マネージメント（国土政策）』という領域が重要視されていることを実感しました。英国では、国土政策が政治的にも経済的にも国家の安全保障に結びつくという現実的な認識が、長い歴史の中で蓄積されているのです。ケンブリッジには国土政策学部があるのに対し、日本にはこれに相当する学部がありません。戦後、日本は国土のマネージメントの重要性に関心が薄く、何の知識もないまま中国系資本に荒らされているのが現状です。菅義偉前首相のブレーンだった在日英国人経営者、デービッド・アトキンソンさんの『観光立国論』はベストセラーになりました。確かに、彼の言っていることは一理ありますが、理論通りに外国人観光客を誘致したら、ひどいことになってしまった。観光立国を図るのであれば、投資家の意見をやみくもに取り入れるのではなく、マネージメントとコントロールの考え方を日本人自身が確立しないといけません」という。

外資に日本の土地が買い漁られる理由の一つに、価格が上昇してもその安さがある。とりわけ、中国系資本から見れば、異常に安いという。先述したように、北海道のスキーリゾート地ニセコを抱える倶知安町は令和三（二〇二一）年、国土交通省が発表した公示価格上昇率が第一位で、一平方メートルあたりの評価額は八万四五七五円、前年から一七・六五％の上昇である。その前年は四四・〇一％の上昇だった。コロナ禍の影響で伸び率にブレーキがかかったが、それでも上昇率日本一は六年連続だ。

清野氏は、「清水寺や八坂神社のある京都市東山区などもインバウンドブームの際、外国人観光客が殺到して、地価上昇率が軒並み上がりましたが、これはニュース映像などのインパクトも強く、問題が伝わりやすいものでした。しかし、北海道・倶知安町は交通の便も悪く、すぐに行ける場所ではないので、国民には現状がどうなっているか知られていません。私は現地に行ったことがありますが、新築の高級ホテルは軒並み中華系の資本で、バブルのときに開発されたリゾートホテルも中華系資本に買収されていました。中華系の富豪が持つ大きな別荘地もありますが、日本の美意識とは違うセンスで建てられているので、見ていて苦しくなりました。中国は経済発展が目ざましい一方で、日本と違って世界に通用する建築家や芸術家は輩出していません。美的、芸術的な発展は遅れたままです」と語る。

人口減少による過疎に悩む地方自治体は少なくない。そんな中、「地域活性化」という名目で、中国系資本が乗り込んできて、自治体幹部を籠絡する。その結果、確かに町は賑わっているが、「何かが違うぞ」「日本人はどこにいった？　以前とは町の風景が違うぞ。日本特有の情緒はどこにいった？」ということになるのである。

清野氏は続ける。「繰り返しになりますが、国土の私有制に大きな問題があるのです。作家の司馬遼太郎が『土地と日本人』で指摘している通り、私有制というものが、国の方向性を誤らせている。同書では経営の神様と言われた松下幸之助らと一緒に日本も欧州モデルを参考にすべきだと警鐘を鳴らしています。英国の場合、王族らが底地権を持ち、百年単位で借地権を設定して国土のコントロールを行っています。例えば、ロンドンの都市再生は、デベロッパー（開発事業会社）が数十年の長期スパンで枠組みを作り、その中で土地の価値を高めていく仕組みになっています。日本のデベロッパーのように、タワーマンション（タワマン）をバンバン建てて、それを売り抜けて、後は知りません、ということができないようになっている。その土地で事業をするなら、地元の発展に責任を持たなければならないというのが、国民的な合意です」

実際、武蔵小杉のタワマンは、いっときは話題になったが、災害が起きたときは、結局は住民と自治体が負の側面を背負った。令和元（二〇一九）年十月の台風十九号で、武蔵小杉の四十七階建てタワーマンションが浸水による全棟停電に見舞われた一件は、記憶に新しい。電気も水道もエレベーターも、長期間使えなくなった。

清野氏は、「国や自治体、住民だけでなく、デベロッパーもその土地に責任をずっと持つ。それが国土政策の基本だと思います」と語る。

第三章　中国に買われる伊豆の老舗旅館

中国人に人気の「買収」スポット

中国系資本の標的になっているのは、古都の町家や花街だけではない。静岡県・伊豆半島にある純和風の老舗旅館や由緒あるホテルも買収が進んでいる。富士山をはじめ、東京にも近い立地から、中国人観光客にも人気なのだという。私の手元にあるだけで、二十軒のホテルや旅館が中国系資本に買収され、社長やオーナーが中国籍である。コロナ禍でさすがに閑散としているのだろうが、ひとまず実態を確かめるべく、現地を歩いてみた。

京都の町家や花街を訪れてから数日後、長く垂れ込めていた雨雲も消え、すっかり真夏の空を取り戻した八月二十一日朝、一路、修善寺を目指した。といっても道中、旅の風情をゆっくり楽しむ余裕もないほどの距離で、東京駅から新幹線「こだま」で静岡県の三島駅まで行き、そこから伊豆箱根鉄道駿豆線に乗りかえて三十分ほどで修善寺駅に着いた。東京からわずか二時間の行程だ。京都・清水寺の場合と同様に、あまりに有名なこの温泉郷には「いつか行こう」と思いながら、日々の仕事に追われて心のゆとりを忘れ、その思いを果たせないまま今回が初めての訪問となった。それも観光ではなく、温泉にもつからずの日帰りである。

伊豆の小京都と呼ばれる修善寺は、弘法大師が八〇七年に開基したと伝わる古刹《こさつ》で、鎌倉時代の源氏攻防の哀史を秘めた舞台にもなったことで知られる。そんな寺の名前をつけた温泉郷の修善寺は、東は相模湾、西は駿河湾に面した伊豆半島中央に位置する伊豆市北部にある。『伊豆の踊子』で知られる川端康成や、病気療養で滞在した夏目漱石など、文人墨客が好んだ土地でもある。

伊豆・修善寺温泉
＝2021.8.21、静岡県伊豆市（筆者撮影）
※本文とは関係ありません

強い日差しを遮《さえぎ》る両岸の緑豊かな木々。これらが温泉街を流れる桂川に覆いかぶさるさまは、どこまでも目に優しく、見る者を魅了してやまない。俳人の松尾芭蕉が元禄二年五月（一六八九年七月）、出羽国《でわのくに》（現在の山形市）の宝珠山立石寺《りっしゃくじ》に参詣した際に「閑《しずか》さや　岩にしみ入る蝉の声」と詠んだ句を想起する。

山頂部にある立石寺に川のせせらぎはないかもしれないが、都会では最近聞くことの少なくなった蝉しぐれが静けさを際立たせ、涼も感じて耳に心地よい。こうした、都会の喧騒を忘れた温泉郷も、日本人に共通する心のふるさとではなかろうか。四季折々の変化に五感を研ぎ澄ませてきた日本人の原風景が、ここにあるような気がした。

そんな景勝地に「中国」がやって来たのだから、激震が走らぬはずがない。初めて中国系資本がこの温泉郷にやって来たのは五年も前のことになるが、現在、その動きがより加速する気配を見せている。今でこそ、コロナ禍で中国をはじめとする外国からの客足は止まっているが、ポスト・コロナを見すえた買収を探る動きが、むしろ激化しているというのだ。

修善寺の駅に降り立って路線バスで十分ほど。目指す老舗旅館にたどり着いたが、改装中で休館していた。部屋はすべて「離れ」形式で十室ちょっと。日常を忘れて過ごすには、うってつけの規模だ。地元の修善寺温泉旅館協同組合には入っていないという。

インターネットの口コミを見ると、賛否が極端に分かれている。真偽不明のため、うかつなことは書けないが、この旅館に関して言えば、日本の経営者から中国系資本に支配人が変わってから、むしろ評判は良くなっているという印象である。「貧《ひん》すれば鈍《どん》す」ということなのだろうか、経営が傾いていたと思われるころの旅館のサービスには、辛口のコメントが並んでいた。それが負のスパイラルとなって客足をさらに遠のかせ、いよいよ手放さざるを得なくなった結果が、中国系資本による買収だったのではなかろうか。後述するが、コロナ禍の前は、中国からの観光客で賑わい、傾いた経営を立て直したこともまた、事実なのである。

ただ、いくら伊豆の老舗旅館が中国系資本に買収されるのは温泉街の活性化につながるといっても、もろ手を挙げて歓迎できることとは思えない。何しろ中国系資本は、いくら民間といっても、中国共産党の指導下にある。長い目で見て、安全保障上や、日本の伝統的な温泉文化を守っていけるかどうかといった問題に、疑問符がつくからだ。

安保上の問題もそうだが、何よりも、外国資本が投機目的で不動産を転がすような感覚で乗り込んできたのでは、地元の懸念も無理からぬものがある。歩いた先で聞いたり、帰京してから電話で話を伺ったりすると、旅館やホテル経営者、従業員の中には、やはり情緒あふれる豊かな景観や街の雰囲気など、守れる文化も守れなくなるという懸念が少なくない。

ここで誤解されぬよう、あらかじめ申し添えておきたいのは、買収したのが中国系資本といっても、少なくとも合法的に買収して経営を立て直そうと努力しており、それをどうこう言うつもりはないということだ。旅館やホテルの営業妨害が目的ではないことも、改めて断っておく。このため、後述するホテルのように、すでにメディア等で報道されたりしたホテルや旅館は別だが、まだ中国系資本に買収されたことが知られていないホテルや旅館については、営業妨害にならぬよう、京町家や花街のときと同様、場所が特定できるような書き方は極力排しながら、筆を進めていくことをお許し願いたい。

さて、休館中のこの旅館。ひとまず、周辺での聞き込みを行った。

近くに商店があったので、ひょいと入り、その場にいた男性店長にこの旅館のことをさりげなく聞いてみた。店長は目を輝かせて「そうだよ、旅館のオーナーになった中国人が、つい二～三日前にも来たよ。改装中の工事の状況を確かめに来ているのではないかな」と語る。横にいた女性従業員が、「中国人オーナーのお嬢さんも一緒でね、それが日本の有名大学を卒業した、すごい才媛《さいえん》らしいの。とても品の良い方でしたよ」と話す。周辺のホテルや旅館と取引があったという店長は、「オーナーが何人も替わるし、仕入れた代金が振り込まれるまで不安で仕方ないから、ピンとひらめいて、取引を止めたよ」と語る。

中国資本に買収された「ホテル滝亭」

このエリアで、中国系資本に買収された別のホテルが、先ほどの旅館から修善寺駅に向かって十数分ほど歩いたところにある。平成二十八（二〇一六）年のNHKの報道により、地元ではかなり知られるようになった、「ホテル滝亭」だ。それによると、平成二十七（二〇一五）年九月、中国・杭州に本社がある「途易集団」に六億四千万円で買収されたという。

この社長は、国営の旅行会社から独立して十年余りで、年商八十五億円の会社に育て上げたという。その勢いで修善寺に目を付け、周辺のホテルや飲食店、バス会社なども買収した。用意した資金は一〇〇億円で、東京・成田空港に近いバス会社にも投資するなど、買収計画を推《お》し進める。さて、このホテル、宿泊せずに温泉だけ入ることのできる、いわゆる日帰り温泉なので立ち寄ったのだが、残念ながら休館中で、中に入ることはできなかった。

仕方ないので、帰京した後の九月一日夕、滝亭に電話をした。すると、中国籍のスタッフなのだろう、女性が電話口に出て、「コロナのせいで、中国人観光客どころか、日本人客も全然来ないよぉ」と言う。コロナ禍が落ち着いたらまた、以前のように中国人観光客を呼ぶのかと尋ねると、「オーナーとも会っていないから、このホテルをどうしたいのか、休館中だから何も分からないよぉ」と言って、電話をプツっと切られた。

中国系資本に買収された「ホテル滝亭」
＝2021.8.21、静岡県伊豆市（筆者撮影）

現地取材の折、近くのみやげもの店の従業員に聞いてみると、部屋数五十ほどのこの旅館、六年前にオーナーが中国系に代わってから中国人客が目に見えて増えたという。口コミを見ると、総じて高評価なのだが、そんな中で目に付いたのが、ある女性による口コミだ。この口コミは、オーナーが中国系に代わったばかりの平成二十八（二〇一六）年五月の口コミのため、現在の状況を正確に反映しているとは言えず、額面通りに受け止めることはできない。だが、かなり詳細に「ダメ出し」していた。ネット上の口コミには、対面による取材では得られない情報や本音が書き込まれているので、こうした情報も侮れないのだ。

今後も全国各地の温泉地が外国、とりわけ資金力にモノを言わせた中国系資本に買い漁られ、中国人観光客がたくさん訪れるであろう。温泉マナーを知らない外国人が大挙して来るとどうなるか。これは中国人経営者にとっても示唆的だと思われるので、少し長いが引用させていただく。五段階評価で星二つだ。

「お風呂に十五人ほど中国人観光客がいて、大騒ぎしていた。とにかく声が大きく、騒いでいて、使ったものを片づけず、大浴場では泳いでいた。フロントに何とかしてほしいと伝えると、『いま担当がいなくて、私も一人でここを離れられないし……。でも担当が帰ってきたらなんとかします』とのこと。結局お風呂に入っているあいだには改善されませんでした。お風呂場から出ると、他の日本人の宿泊者も怒っていました。『先ほどフロントに電話で言ったけど何も変わらない。今からフロントに行こうと思っている』とのことでした。あとその方たちは、若い中国人の女の子が浴衣を着たままお風呂に入ろうとしたのを注意していました。ただ中国人も日本語が分からず、何で怒られているのか分からない状態でした。せっかくリラックスするためにお金を払ってわざわざ来たのに、とても不快な思いをして残念な気持ちになりました。中国人観光客の近くに通訳らしき人がいて、お風呂から出るときに体をふくこと等は教えていましたが、それでも脱衣所はビチョビチョ……。通訳の方も中国人で、こちらの言っている日本語はあまり通じませんでした。中国人たちは、内容は分からないけど怒られているようなことは理解したらしく、最後の方はすごすごと帰っていきました。それを見ると、彼らにも悪気はなく最初からきちんとマナーを教えていれば、日本人も中国人観光客もいやな思いをしないのに、ホテルの対応が怠慢だと思いました。また、聞いた話なので信憑性は分かりませんが、母が同じお風呂で会った、近くに別荘を持っていてこの旅館にお風呂に入りに来ていた人の話では、修善寺では大半の旅館が中国人お断りで、この旅館は中国人が買収してオーナーになったから中国人が多いとのことでした。この話が本当だとすれば、中国人観光客はもとから多いわけで、そうであれば、事前に皆がいやな思いをしないように準備するべきです。他の接客等対応は悪くなかったのですが、楽しみにしている肝心のお風呂と、それに対するサービスに不満をもってしまい、残念でした」

このほかにも、「お部屋はとても綺麗で過ごしやすかったです。あと温泉も不満なし。しかし、不満なのはここから。料理は見た目を重視しすぎているのか分かりませんが、味は全く美味しくなかったです。また、朝食のバイキングでは、品数が少なく、味もそこまで美味しくなく、中国人に合わせている味がしました。若い従業員の態度がとても不快でした。こっちは楽しくやってるのに、威圧的な態度を取られると台無しです。これからはもうここを予約することはないです」といった書き込みもあった。

こうした不満の多い書き込みを見て、ホテルなりに改善の努力をしたのだろう。ホテル側の名誉のため、最近見かけた肯定的なコメントも紹介しておく。

令和三（二〇二一）年一月の投稿では、「大晦日《おおみそか》でしたが、和室で布団で寝たかったので選びました。コンドミニアム的な宿で部屋の広さは良かったけれど、畳が擦り切れていたのが気になりましたが、この値段でこの部屋なら納得できるかなと思います。お風呂はお湯も良かったけれど、お掃除を頻繁にしてると思えないので、消毒薬を置いてもらえたらいいと思います。大浴場の入り口に韓国語とか中国語の注意書きがありましたが、日本語のはありませんでした。海外の方向けの宿なのかなと思うので、考えてもらうといいと思います」とあった。

令和二（二〇二〇）年二月、夫婦で利用したという客の投稿では、「宿のキャパから考えても大浴場が広いと感じました。洗い場も余裕がある造りで、隣の人との間隔が広く取ってある所も良いと思いました。もちろん泉質も湯加減も良かったです。部屋も広く、清掃されていて清潔感がありました。食事も朝晩ともに納得がいく内容だったと思います。接客で気になる所はなし、良かったと思います。今回は安価な宿泊代だったこともあり、十分満足できる内容でした。また、利用させていただきます」と、かなり好意的だった。

口コミで不満や批判が書き込まれたのは、何も滝亭だけの問題ではない。日本人が経営する他の温泉地でも、外国人観光客らが注意書きも読まずに衣類を着けたまま湯舟に飛び込んだり、大声で騒いだりと、全国的に問題となったのは記憶に新しいところだ。

さて、この「ホテル滝亭」、先述した通り五年前の平成二十八年、NHKが九カ月にわたって追跡取材していた。コロナ禍で現地取材もままならず、NHKのこの動画も入手できなかったので、保守系サイト「WJFプロジェクト」と、テレビ番組で放送された情報を紹介するサイト「TVでた蔵」から引用する。

まず、WJFプロジェクトによると、平成二十八年一月二十一日、NHKの「おはよう日本」で、この件が取り上げられた。それによると、ホテルは二十二年前に開業したが、平成二十七年秋に買収されるまでの数年間で客室の稼働率は下がり続け、赤字に転落していたという。買収した中国系企業は、自分たちが企画したツアーにこうしたホテルを組み込むことで、団体客を送り込み、稼働率を高く保つという戦略だ。東京オリンピックを見越し、多くの観光客が見込める日本のホテルや旅館は、新たな投資先として魅力的だという。

平成二十八年当時と、やや古いデータになるが、取材したNHKによると、あくまで公表ベースの数字として、買収された件数は平成二十四年以降、毎年十件以上、計六十一件にのぼるという。コロナ禍に見舞われる前は、この数字もかなり増えただろうことは想像に難くない。今はコロナ禍で買収の動きが一時停滞したが、令和三年になって、日本国内でもワクチン接種の動きが拡がるのに合わせ、ポスト・コロナを見越した動きが活発化しつつあるというのが現状だ。

さて、このホテル、みやげもの売場には、伊豆の特産品にこだわらず、北海道で人気のお菓子などが並んでいたという。中国人に人気がある商品なら何でもとりそろえたという、中国人従業員の声を紹介している。こうした企業努力の結果、買収から四カ月で中国人の宿泊客は急増し、客室の稼働率は八割を超え、収益も過去最高を記録したという。ホテルでさばききれない中国人客は周辺のホテルや旅館に回すなど、周囲の理解を得る努力もしていた。

一方で「今のままでは日本人客が離れてしまうのではないかという懸念の声」も伝えている。日本人従業員の話として、客は増えるが従業員の数は変わらず、日本が得意とする、きめの細かいサービスができなくなるとの危機感を紹介している。そして番組は、この従業員の「中国の人にもちゃんとしたことをして、喜んで帰ってもらいたい。日本の人にも、ちゃんとしたことをしたいというのが、僕らの思い。僕らもできる限り、力を合わせてやらないといけない」との言葉を伝えた。

ＮＨＫは番組を、具体的な取り組みとして、取材記者の以下のような発言で結んでいる。

「人口減少が進む日本にとって、これからも増加が見込める外国人客は、なくてはならない存在です。一方、外国人にとっても、宿泊施設は日本の文化の一端を知ることのできる場所にもなり得ます。双方が文化や言葉の壁を越えて上手に関係を築いていくことが、これからの日本の観光業のあり方を考える上で、大きな一つの手がかりになると思いました」

確かに外国人客の存在は、旅館やホテルを経営する側にとって、ありがたいことだろう。だが、過度に外国人客に頼るとどうなるか。コロナ禍で大打撃を受けたように、持続可能で安定的なビジネスにはなりにくく、リスクが高いことが分かったのではなかろうか。特に中国人観光客の場合、中国政府の胸先三寸で観光客の「出し入れ」ができるため、二国間関係が緊張したりすれば、二〇一七年に中国当局が韓国への団体旅行を中止したように、いつ何どき、客足が途絶えるか分からないのである。この時は、米軍の地上配備型ミサイル迎撃システム（ＴＨＡＡＤ）の韓国配備を巡って、中韓関係が悪化していた。中国人観光客を目当てに乱立した韓国・済州島のホテルは、こうした中国当局の嫌がらせなのだろう、中国人観光客が来なくなって閑古鳥《かんこどり》が鳴いていた。

リスクはそれだけではない。経営者が中国人に替わり、中国人経営者による中国人向けのホテルや旅館に変貌をとげれば、日本人の客足が遠のく恐れがあるからだ。

次は、平成二十八（二〇一六）年五月二十八日から三十一日にかけて放送されたNHKの番組「NEXT　未来のために『中国人社長がやってきた　伊豆修善寺〝温泉ホテル〟の9か月』」を見てみたい。

先述の「TVでた蔵」によると、番組のオープニングは、「伊豆・修善寺のホテルが中国企業に買収された。外国人観光客を呼びこむことで国を成長させようとしている日本、そこに参入してきた中国企業は何をもたらすのか。買収された九カ月の記録を紹介する」とある。

続けて、「ここ数年赤字に悩まされていたが、買収からわずか二カ月で経営は一気に黒字になっていた。地元伊豆にこだわらず、中国人に人気のあるものは、なんでも取り揃えた。食事も、一品ずつ出す日本式のサービスをやめ、まとめて一度に出すようにした。経営陣は『この地域は、日本人には人気が落ちているかもしれないが、海外の客にとってセールスポイントはまだある』とし、接客責任者の日本人従業員は、『僕らとしては、日本の人に少しでもいい評価をいただいて、中国のお客さんがいてもいい宿だよっていう部分は見せないと、日本のお客さんが全部離れていってしまう』とコメントした」としている。

NHK取材陣は中国の本社も訪ねているから、なかなか本格的だ。この会社を「周辺のホテルや飲食店、バス会社なども買収した。用意した資金は百億円、東京・成田空港に近いバス会社に投資するなど計画を推し進めている」と紹介し、社長の話として、「われわれ旅行会社が有利なのは、客の行き先を好きな場所に誘導できる力があるところだ。会社が力をつけたら、今は考えられないようなことをやっていく」とコメントしていた。

ホテルの運営についてNHKは、「従業員には本社と同じ厳しいノルマが課せられていた。みやげ売り場の担当者には新たな目標が設定され、これまでやっていなかったランチ営業などを行うようになった。日本人従業員は、社長に人手を増やしてほしいと訴えたが、取り合ってはもらえなかった」と、中国式の厳しい経営方針にも触れている。耐えかねて辞表を提出したこの日本人従業員は、「人と人との触れ合いというか、心のこもったことをやろうという気持ちはあったんですけど、今は人がいないですし、どうしていいのか、僕らにも分からない」と話す。

さすが、たった二カ月で赤字を黒字にしただけのことはある。不満を訴えた日本人従業員に対する会社側の回答は、「ホテルに残りたければ一カ月間、別の場所でパートとして働いてもらう」というものだった。納得のいかなかったこの従業員は退職したが、これ以降、日本人従業員の退職が相次ぎ、その数は五人にのぼったという。その後、新規採用はないが、中国の本社から若い三人の中国人が送り込まれ、朝礼では中国語の挨拶《あいさつ》を行うようになったという。

番組は最後に、「この会社は、日本で新たなホテルを買収するため、視察を続けている。年間四千万人の観光客を呼びこむ目標を掲げる日本。その利益を手にするのは誰か。未来をかけた戦いは続く」と結んでいる。

あまりに苛酷である。現在はコロナ禍で四千万人どころの騒ぎではないが、早晩、コロナが落ち着いたら、再び中国から観光客が続々と訪れることだろう。中国人経営者と日本人従業員の軋轢《あつれき》もそうだが、地元にはどんな利益が還元されるのか、されないのか。単なる場所の提供に終始するなら、長きにわたる地元との共生は、容易ではないだろう。

さて、この買収劇を取り上げた『中国人が上司になる日』（青樹《あおき》明子著、日本経済新聞出版）という本が手元にある。

著者の青樹氏は、実際に「滝亭」に宿泊して現地レポートしている。先ほどのNHKの報道にもあった通り、みやげもの売り場には、地元の名産品ではなく、使い捨ておむつや哺乳瓶、ベビーパウダー、馬油クリームなどが置かれ、温泉宿の売店というよりも、ドラッグストアか空港の免税店。品ぞろえは、訪日観光中国人客が「日本に来て必ず買いたい」というものが主流を占めていると述べている。そして、これらの品々は、布を敷いた事務机のようなものの上に無造作に置かれ、ディスプレイの美しさを重視する日本人からすれば、大きな違和感を感じてしまうとも。

文人墨客が愛した風光明媚な修善寺の温泉街で、北海道のみやげ菓子や、おむつはないだろう。筆者（佐々木）なら、売店でそんな商品を見たら興ざめするのは請け合いだし、次の機会は、別のホテルか旅館に泊まるだろう。

ネット書店における本書のカスタマー・レビューは示唆的だ。こんなコメントが書いてあった。
「中国に買収された修善寺の旅館。日本人的なるものが、中国人的なるものに飲み込まれようとしていく時に『旅館魂』を守ろうとする日本人従業員の姿は哀切である。効率と成果と面子《メンツ》とコネと。ネガティブな側面の指摘も多いが、どうしたらその摩擦を最小限に食い止めることができるのかという考察もされている。おそらく著者は骨の髄まで日本人でありながら、この中国という厄介な隣人を理解し、ともに生きていく術《すべ》を、長い中国生活から体感的に知っているに違いない」(二〇一九年十一月)

もう一つ紹介する。

「修善寺の旅館の買収劇とその後の話も衝撃的だ。中国人経営者は苛烈で決めたことを容赦なく実行する。中国人の団体観光客が満足するレベル(それは日本人常連客には耐えがたいにしても)をよく分かっていて、不要なところは徹底的に削り、客の欲しいものは、みやげスペースをまるでドラッグストアのように変えてまでして提供する。この割り切りが強さだが、地元にとっては受け入れがたい部分も大きいのだろう。豪雨とも恵みの雨ともなる、中国マネーや中国人とどう付き合っていくのか、本番はまだまだこれからだ、と思わされる」(二〇一九年十一月)

実際、地元の同業者はどう見ているのだろうか。令和三(二〇二一)年八月二十三日、詳しい事情を知る人物に電話で話を聞いた。

修善寺温泉旅館協同組合の森孝夫理事長(五十一歳)は、「コロナ禍でまったく先が見えずに困っている。感染拡大の第六波が来たら、身売りするホテルや旅館が続出するのでは。今が買いどきだから、中国系資本にとってはチャンスではないか」と語る。組合では、一二〇〇人あまりの旅館、ホテル従業員を対象にワクチンの職域接種を進め、館内でもコロナ対策を徹底し、域外からの宿泊客をいつでも迎えられるよう、自己防衛に努めてきたという。

中国系資本の進出について森氏は、「ここは古くからやっている旅館が多いが、彼らは損得勘定優先で地元への思い入れがなく、地域のことを考えていない」と言う。集客イベントとして企画した花火大会でも、各旅館やホテルは従業員を出し、交通整理や受付などボランティアで大会を盛り上げるのだが、中国系のホテルや旅館は、積極的に参加しようという気もなければ、そういう発想もないようで、地域に溶け込む努力が見られないとも言う。

森氏はさらに、「故郷の景観を守り、伝統を守るためには、零細企業であるわれわれ旅館やホテルが、まとまって声を上げていかねば、国も自治体も動いてくれない。伊豆最古の温泉郷を維持していくためには、組合が一体となって地域を盛り上げていくしかない」と語る。

中国系資本には、儲け一辺倒ではなく、地元活性化に向けて温泉旅館組合と協力し、連携する姿勢も、欠かせないのではなかろうか。

現金で四億円をポン!

こうした中国系資本の動きは、コロナ禍と昨今の中国の経済情勢で、どうなっているのか。「外国人が純和風旅館を買いたがるワケ、ホテル・旅館売買が再び加速!」(ダイヤモンド・オンライン令和三年六月二十一日付）にも詳しいが、執筆者に直接話を聞くため、伊豆・修善寺を訪れる二カ月ほど前の六月二十九日、東京都内にオフィスのある「ホテル旅館経営研究所」の代表取締役所長、辻右資《つじゆうじ》氏を訪ねた。その後、同年九月になって、中国の不動産大手、中国恒大集団の経営不安が世界の金融市場を動揺させる動きも出たため、日本国内の老舗旅館やホテルを買い漁っていた中国資本の出方に変化があるのかどうか、改めて辻氏に話を伺った。

辻氏によると、外国資本によるホテルや旅館など宿泊施設の買収はコロナ禍で下火になっていたが、それでも令和三年五月以降、ワクチン接種のニュースが増えるのに比例して、ホテルや旅館の売買相談が急増しているという。

同年九月には中国の不動産大手、中国恒大集団の経営不安が世界の金融市場を動揺させたが、逆に、売り出し物件への問い合わせは活発化しているという。前年夏ごろ、月に約一〇〇件程度だった問い合わせ件数は、令和三年七月は三五〇件（うち中国系が七〇％）、八月は四〇〇件（同八〇％）、九月は四五〇件（同八〇％）と増え続けている。

中国人のホテル旅館売買契約件数予定は同年十二月までに十件ほどで、前年より急増している。特に中国政府が同年八月、「貧困をなくして共同富裕を目指す」と発表してから、問い合わせが急増しているという。対象は主に、日本の温泉旅館で、その中でも特に、土地が広く、温泉つき、一億～三億円前後の物件に、人気があるそうだ。

こうした日本への投資の背景には、①中国本土では土地が買えないので投資先としては将来が望めない、②日本の不動産価格は世界の都市と比較しても安い、③ホテル旅館業のライセンスを取得して経営ビザを取り、将来、日本に永住したい――といった理由があり、そうしたことから日本への投資意欲が活発になっているのだという。

辻氏の会社には、「今だったら買い手が付きますか？」（ビジネスホテルのオーナー）、「今ならまだ安いんじゃないの？　今のうちに買っておきたい！」（アジア系投資家）などと、電話やメールが矢継ぎ早に来ているのだそうだ。

もっとも、コロナ前には月六〇〇～八〇〇件の問い合わせがあったというから、まだまだ全盛期の半分以下だが、ポスト・コロナを見すえた動きが、活発化しているのだという。そうした問い合わせの六～七割が海外からで、法人よりも個人が多いという。中国、香港、韓国、台湾、シンガポールとさまざまだが、やはり中国系が多い。コロナ前は、団体客向けの大きなホテルが人気だったが、密になりがちな大浴場を兼ね備えた一〇〇室もある大きなホテルは時代遅れで、現在はむしろ、数部屋あるいは十部屋前後の、趣のある老舗旅館が人気らしい。

なぜ、買収が進むのか。辻氏は、「平成元年のバブル期のころに七割近くの二世経営者が親から旅館を引き継いだものの、令和になって古希、傘寿を迎え、そろそろ引退したいと考えても後継者がいない。仕方なく誰かに譲ろうと思っても、日本人の場合は金融機関の貸し渋りなど融資の壁があり、なかなか買い手がつかない」のだと言う。日本人経営者も好き好んで中国系に売っているわけではないが、生活していくためには仕方のない決断なのだ。

辻氏は「できれば、旅館やホテルを経営したいという日本人に売却し、老舗旅館の持つ風情などを残していってほしいが、それには金融機関に融資のあり方を見直してもらわないとならない。日本人が内覧して購入を決断しても、金融機関からの融資手続きに手間どっているあいだに、中国系資本がやって来て、内覧してから一週間も経たないうちに、億単位の現金でドンと購入していくんだから、売りますよね」と語る。

辻氏によると、今から三年ほど前にも、伊豆にある高級旅館を、ある中国人投資家が購入したという。十一室すべて「離れ」の隠れ家的な雰囲気で、造りは純和風、美しい中庭を眺めながらつかる露天風呂は、もちろん天然温泉だ。大正から昭和にかけて多くの文化人が常宿にしていた由緒ある旅館で、その後、別の企業が経営していたという。

辻氏が仲介したこの物件、中国人投資家が四億円で現金一括購入し、二億円をかけて全面リニューアル工事をし、令和三年秋に再び開業予定だという。この旅館を買った中国人は、箱根と熱海でも温泉旅館を物色中だ。この中国人は上海で会社を営み、米国にも拠点を持っているそうだ。何より日本が大好きで、かれこれ二十年近く、暇を見つけては来日しているとのことだった。ひと昔前は、外国人への不動産売却を嫌がるオーナーばかりだったが、今はこういうご時世だから、買い手を選んでいる場合ではないという。

日本の投資家からも、購入の問い合わせは増えている。だが、支払いは融資に頼る場合が多く、銀行の締めつけが厳しい状況で、成約に至るかは不透明なのだとか。これに対して中国や香港系の個人、法人の温泉旅館に対する購入意欲は強く、コロナ禍が収まり、もう少し楽に飛行機で往来できるようになれば、今後、一気に買収が加速するはずだというのが辻氏の見立てだ。彼らは内覧した当日から数日後には即決、現金払いなので、話がとんとん拍子で進む、というのは先述した通りだ。

なぜ、外国人が日本の温泉旅館を買いたがるのか。大別すると、二つの理由がある。

一つ目は、「友人や知人を接待するための迎賓館にしたい」というものだ。日本の温泉と旅館は、外国人にとっては自国にない文化で、とても魅力的らしい。建屋は純和風か、客室は広くても、全体的には小規模か、庭つきで桜か紅葉があればベストなのだとか。中国人は温泉に詳しく、湯量豊富か、かけ流しか、といった点も見極めるというのだから、やはり本当に温泉が好きなのだろう。

用途としては、①自国の友人・知人を招待する迎賓館にしたい、②自分と家族の別荘にしたい、③セカンドビジネスにしたい、④子や孫にプレゼントしたい――といった目的だ。辻氏によると、中国人富裕層が子や孫にプレゼントしたがるのは、土地など私有財産を持てない中国にあって、一族の資産を海外で保有して守りたいという思いが強いためではないかという。

二つ目は、不動産として「お値打ち」価格だから。日本の不動産は、中国と違って借地権ではなく、実際に割安で購入できると思われている。東京、大阪、京都といった大都市は上海、香港、シンガポールといった大都市に比べると値段が安く、箱根や熱海など地方の温泉地は、大都市に比べるとさらに安い。彼らにとっては、「日本だと安くて広い庭つきの土地建物を購入できる」

といった感覚らしい。

問題なのは、在留資格がない外国人でも日本の不動産を買うことができる点だ。辻氏によると、印鑑証明に代わるものを本国から持参すれば、所有権の移転が可能なのだ。日本政府は登記に規制を設けていないため、住民票は本国のままで問題ないというから、どこまで脇が甘いのか心配になってくる。

半面、購入にあたって法的には問題がなくても、むしろ、外国人が旅館を買う際にネックになっていたのが、地元の温泉協会なのだという。十年以上前、群馬県の草津温泉で老舗旅館と中国人投資家が売買成約した時、町議会で議題にされただけでなく、地元旅館業者らの反対運動が起こり、辻氏が両者の仲をとりもって、ことなきを得たのだという。

しかし、これも今は昔。当時は、有名な温泉地が外国人の旅館購入に対して拒否反応を示していたが、外国人客が増えてからは少しずつ雰囲気が変わり、一部の温泉地を除いて現在は、ほとんど拒否反応はないそうだ。筆者が訪れた伊豆・修善寺でも、十七軒中、三軒が中国系資本に買収されたが、目立った拒否反応はなかったという。

こうした取材を進めていて、伊豆半島東岸の河津町にあり、皇室ゆかりの老舗旅館が大手企業に買収されていたことを知った。将棋や囲碁の対決舞台ともなったこの旅館、買収した企業の社長は中国系である。河津温泉旅館組合の関係者は、「天皇陛下がお泊りになったり、将棋の王将戦で、谷川浩司王将と羽生善治名人が戦った舞台でもあり、日本人としては、ちょっと寂しいですよねぇ」と語る。なんとこのホテル、令和三年の秋には別の中国大陸系の資本への売却が決まったという。

改めて記しておくが、外国資本だから、中国系資本だから買収してはいけないと言っているわけではない。日本人として心情的に寂しいし、日本らしい四季折々の情緒を残しつつ、日本人客も満喫できるようなサービスを提供してほしいと願っているのだ。

その上で、先にも述べたが、国防動員法などで海外にいても共産党に忠誠を誓わせる中国の国柄を考えると、日本の安全保障上も問題なしとは言えないと指摘しているのである。

実際、今の習近平政権を見ていると、国内外の締め付けを強化し、軍事大国化を猛烈な勢いで進めている。沖縄県石垣市の尖閣諸島をめぐる緊張が高まり、いつなんどき、軍事衝突など不測の事態が起きたり、台湾有事が勃発したりしないとも限らない。その際、こうした温泉旅館に投宿している中国人団体客を見る地元の目は、厳しくならざるを得ないだろう。

それは、中国人観光客にとっても不幸なことである。

第四章　中国に買われる日本の国土

日本に「中国の治外法権」地帯が生まれる

今の日本人は「ゆでガエル」になっていないか。外国人あるいは外国資本による土地買収に対し、あまりに鈍感ではないかという意味だ。

「ゆでガエル」とは、企業経営などの文脈で語られるメタファー（隠喩）であることは、読者諸兄のよく知るところかと思う。カエルは、いきなり熱湯に入れると驚いて飛び出すが、常温の水に入れて徐々に水温を上げていくと、水温の上昇に気づかずに、ゆで上がって死んでしまうという例えである。

つまり、現状に慣れきってしまうと、環境の変化や迫り来る危機に気づかずに会社を倒産させ、社員やその家族を路頭に迷わせてしまうという教えである。ここで問いたいのはまさに、日本という国家、個々の日本人の危機意識の希薄さである。

なにしろ、北海道を中心に中国系企業が日本の土地や建物、森林などの水源地を、経済活動の一環として合法的ではあるが、好き放題に買い漁っているにもかかわらず、多くの国民はそれに無頓着すぎるのではないかと思うからだ。

中国共産党政権は、おそらく多くの日本人が想像する以上に、日本や欧米諸国とはまったく異質で、政権維持のためならどんな人権弾圧も、敵対的行為や知的財産の収奪もためらわない組織なのである。にもかかわらず、中国資本を誘致する地方自治体、企業経営者、それを許す地元住民らは、そうした中共政権への正しい知識を持ち合わせているのか、はなはだ疑問である。

中国企業は、共産党の指導のもと、投資や人材派遣という合法的な経済活動を装いつつ、日本に大量移民することによって、日本侵略の橋頭堡《きょうとうほ》づくりを狙っているようにも見える。

実際、日本で一番多い外国人は中国人だ。二〇一六年まで六〇万人台だったが、一七年に七三万人、一八年に七六万人、十九年には八〇万人を突破している。次に多いのが在日韓国人（四四万人）だが、在日外国人の中に占める中国人の割合が、かなり高くなってきているのだ。

橋頭堡といえば、汚職事件が起きたため北海道留寿都《るすつ》村が誘致を凍結した、カジノを含む統合型リゾート施設（ＩＲ）もその舞台装置の疑いが強い。トロイの木馬である。残念ながら、これも日本側が積極的に誘致に動いていた。この種の話を論ずるとき、必ず行きつくのは、日本人の危機意識の欠落である。

相手が日本や欧米の企業ならまだしも、よりにもよって共産党指導下にあり、日本での橋頭堡づくりを狙っていると見られる中国企業だ。

北海道を舞台にしたIR計画は、過疎に悩み、地域活性化のためにはチャイナマネーに手を出すことを厭わない自治体が外資の導入に血まなこになり、そこに、日本での橋頭堡づくりを狙う中国企業が従業員の住宅確保などを理由にして、周辺地域の買収に乗り出すという、非常に危険な事業なのである。横浜や大阪といった大都市であれば、中国系企業と中国人従業員を吸収するだけの器《うつわ》があるかもしれないが、過疎地ではそうはいかない。

北海道・苫小牧《とまこまい》市でもIR計画が浮上したが、地元の反対などもあって、いったん見送られた。筆者は二年前に現地を取材し、街の人の声を聞いた。IR誘致に反対する人たちの主な理由は、まさにこの点だった。人口十六万人の苫小牧市に中国系IRを誘致したらどうなるか。経営者やスタッフ、その家族などで、二万人は移住してくる計算になる。市内を案内してくれたタクシー運転手は当時、「中国企業が主導するIRが来れば、街の雰囲気はガラっと変わるね。日本でなくなっちゃうんじゃないの?」と語っていた。

「国防動員法」でスパイ活動を強制?

中国人とはいえ、そのほとんどは他国(日本)での暮らしに思いを馳せ、地元住民とも仲良くしたいと願う人々なのだろうと信じたいが、なにしろ共産党独裁国家の国民である。海外にいても党の指導下に入って命令に従わなければならぬという国防動員法が、二〇一〇年七月一日に施行されているのだ。

北京がひとたび、「国家の危機である。党と国に尽くせ」と指令を発するや否や、日本在住の中国人らは、自国防衛のために動かねばならないのである。身分を隠した党幹部が日本国内で暗躍し、北京の指令を忠実に実行するよう、善良な在日中国人らに破壊活動やスパイ活動を強制してくるかもしれない。

ＩＲでなくても、その危険性はいつでも起こり得る。二〇〇八年の北京五輪・聖火リレーにおける、長野県・善光寺周辺で起きた在日中国人らによる騒乱は、記憶に新しい。彼らが組織的に動いている状況から判断すれば、おそらく当局から動員をかけられたのであろう。彼らが角材に五星紅旗を掲げ、北京五輪に反対する親チベット系団体に殴りかかっていた様子が、テレビでも放映された。

これは二年後に施行された国防動員法の海外予行演習とも言え、こうした行為はいつなんどき、例えば尖閣諸島で武力衝突事態が起きたときや、直接日本の領土保全に関係しなくても、香港やウイグル、チベットなどにおける非人道的な行為に対する国際社会が行う制裁に反発して、発令される危険性もある。特に、北京冬季オリンピック後の二〇二二年春以降が危ない。開催から閉幕までは、おとなしくしている必要もあろうが、それ以降は遠慮がいらぬからである。

実際、東日本大震災が起きた二〇一一年三月には、避難するため東北各地から集まってきた中国人らに、新潟市が善意で提供した市立体育館を事実上占拠されるという事態が起きた。治外法権エリアの登場だ。

のちにこの一件を取材した産経新聞の宮本雅史《まさふみ》記者によると、ある地方議員が確認のため館内に入ろうとした際、「許諾権限は中国にある」と拒否されたという。結局、「見たものをいっさい口外しない」との誓約書を書かされ、ようやく三メートルだけ館内への立ち入りが許された。そのとき、この体育館にいたのは中国人だけだった。

当時、新潟の中国総領事は、東北地方に住む中国人を市内三カ所の体育館などに集め、中国本土にピストン輸送して避難させたが、その数は一万人にのぼったという。

土地利用規制法は「小さな一歩」

中国に媚《こび》を売る議員を抱えた自民党の体《てい》たらく、日本学術会議の任命拒否問題における日本共産党の二枚舌については、のちの章で触れるが、公明党の親中ぶりも、今に始まったことではないが、目に余る。水資源や防衛関連施設周辺など、外国資本の土地買収に待ったをかける法律の制定過程では、ブレーキを踏みまくったからだ。

「いろいろ検討すべきことがある。しっかりと協議を尽くし、(自公)両方の共通認識を得ていく必要がある」

公明党の山口那津男代表は令和三（二〇二一）年三月九日の記者会見で、政府が安全保障上の重要な土地の買収対策として検討している土地利用規制法案の扱いは、与党が足並みをそろえるべきだと重ねて強調し、閣議決定に反対した。公明党が、過度の私権制約になりかねないとして、自民党に慎重な対応を求めているためだ。また、公明党は「特別注視区域」の事前届け出制に、とりわけ難色を示していたが、これを法案の骨抜きと言わずして何と言おう。

そんな公明党と連立を組む自民党に対し、それを支持してきた保守層は愛想を尽かし始めている。自民党は早くそれに気づくべきである。菅政権下での衆参補選、再選挙、山形など三県の知事選、都議選、横浜市長選での敗北の背景には、こうした、公明党との連携を嫌う保守層の自民離れがあったろう。公明党内には、中国への忖度《そんたく》が働いたという懸念もある。岸田文雄首相は令和三年十月末の衆院選で政権を維持したが、公明党との距離感は見直すべきであろう。

何しろ、この法案が念頭に置いているのは外資系資本と言いながら、その実、北海道をはじめとする水資源や山林、京都の京町家、花街、伊豆・箱根の老舗旅館、都市部のタワーマンションなど、あらゆる不動産を買い漁る中国系資本なのだ。公明党の支持母体である創価学会と中国の太いパイプは、二〇一〇～一九年まで駐日大使を務めた程永華氏が創価大学卒であることからも分かろう。

中国の投資家や、思惑を持った勢力に不都合なこの法案に対し、中国当局が水面下で何らかのアクションを起こしていたことは想像に難くない。それは公明党にとどまらず、政官各界におよんだであろう。

中国は、北海道の釧路市を、北極海ルートの巨大経済圏「一帯一路」の窓口として、チャイナマネーで土地を買収・開発し、川上、川下に沿った形での造成を市に要請している。

李克強首相が北海道を訪れた前年の平成二十八（二〇一六）年五月二十一日には、先ほどの程永華駐日中国大使が釧路を訪問し、蝦名大也《えびなひろや》市長との会談で「民間外交、地方外交」への期待感を表明していたほどである。だが、外交と防衛は国家の専権事項である。民間にも地方にも「外交」などはない。にもかかわらず、そう持ち上げられて調子に乗ったわけではあるまいが、こうした中国の指示を忠実に遂行するかのように、一時、ＩＲ（統合型リゾート施設）誘致に名乗りを上げかけた。このＩＲにはもちろん、中国系資本が参入していたという。

さて、まずは新しい法律を見てみよう。結論から言って、ザル法である。調査や利用規制はできても、所有規制や収用などは不可能なためだ。成立させないよりはマシだと言えるが、今後も継続的な見直しが求められる。

さて、この法律、日本でもようやく外国資本による土地取得を規制する法律であるが、「重要施設周辺及び国境離島等における土地等の利用状況の調査及び利用の規制等に関する法律」と言う。もう少し短く言い換えると、安全保障上重要な施設周辺の土地利用を規制する法律「土地利用規制法（外資制限法）」だ。

新法のたたき台になったのは、政府の諮問による有識者会議が令和二（二〇二〇）年十二月にまとめた提言だ。法案では、調査を強化する「注視区域」の対象として、自衛隊や米軍施設のほか、政令で定める重要施設として発電所、ガス、貯水、通信、鉄道、放送局、空港などを想定している。

周辺のおおむね一キロ以内で、施設の機能に支障をきたしかねない行為への使用を防ぐため、「必要な土地を番地などで個別に告示する」としている。また、領海の範囲を定める基準となる「基線」を有する離島なども、個別に告示する。

国は、これらの土地所有者や利用実態について、不動産登記、住民基本台帳などの行政データや、所有者の報告などをもとに調査する。例えば、防衛施設に対して妨害電波を出すなどの不適切な利用が確認されれば、土地の利用中止を勧告、命令を出すことができる。命令違反者には、懲役二年以下か二百万円以下の罰金に処す罰則規定も盛り込んでいる。

指揮統制機能を持つ防衛施設など、特に重要性の高い施設周辺の土地や国境離島は「特別注視区域」とし、新たに土地を売買する場合には、売り手と買い手の双方に事前の届け出を義務づけている。不届けや虚偽申告などの違反には、懲役六カ月以下か罰金百万円以下の処罰を科す。国の調査に対する虚偽報告などの違反には罰金三十万円以下とした。

少し長くなったが、以上が新法の概要である。外国資本による土地買収規制の必要性については、この十数年来、自民党内で取りざたされては、議員立法も提出できないまま、立ち消えとなってきた。それを考えれば、新法を制定するだけでも、一歩前進したと評価できる。しかし、中身がスカスカでは、なんとも心もとない。

日本以外の多くの国では、外国人の土地所有を禁じるか、厳しく制限している。また、土地所有自体を認めずに、「五十年」などの期限を区切った借地権としている国も多い。これに対して、日本では外国人が土地を所有・利用することについて、何の制限もない。あまりにも無防備である。

まず引っかかるのが、法案の趣旨を体現した法案の名前である。「土地利用調査・規制法案」という名の通り、法律が規制の網をかけるのが土地の利用実態にとどまる点だ。本来ならば、「利用」ではなく、「所有」に規制をかけなければならない。理由は、盗聴や妨害電波の発信など、不適切な利用をしていても、発覚しなければ居座りを続けることが可能だからだ。この、所有制限ではなく、利用制限という前提が、規制の限界を予想させる。

ではなぜ、「所有」ではなく「利用」にとどめたのか。私権制限という憲法上の制約や、世界貿易機関（WTO）の一部であるGATS（サービスの貿易に関する一般協定）の制約があるためだ。

GATSは、サービス貿易の障害となる政府規制を対象とした、初めての多国間国際協定だ。前文、本文、八個の「附属書」、および各国の「約束表」からなるもので、村山富市首相を首班とする自民、社会、さきがけの「自社さ」政権下の平成六（一九九四）年に締結された。

この中に、外国人による土地取引に関する国際約束が盛り込まれ、最恵国待遇と内国民待遇を与える規定が明記された。最恵国待遇は、内国民待遇とともに、外国において差別を受けることなく公正な貿易や商取引などを保障するための重要な役割を果たしている。日本は、米国などの欧州諸国が安全保障に関わる外資による土地取引について例外規定として留保をつけたのに対し、外資による国内投資を促す狙いから、留保をつけないまま条約を締結した。

この結果、何らかのサービス提供を目的とした外国人による土地取引に関し、国籍を理由とした差別的規制を課すことが認められないということになってしまったのだ。

はっきり言って、当時の自社さ政権、とりわけ外務省、通産省の大チョンボである。土地利用調査・規制法案を審議する際にも、政府は、当時の政策判断のまずさをきちんと認めるところから始めなければならないはずだ。

長年、この問題に取り組んでいる自民党の長尾たかし前衆院議員によると、GATSの足かせはあるものの、外国人のみを対象とした措置でない場合は、この制約はかからないという。その意味で、法案が内外無差別を原則とし、土地の所有者の国籍だけを理由に差別的な取り扱いをしないという原則を踏まえたのは、妥当と言う。理由は、GATSの規定に違反しない上、改めて加盟国と協議する手間を省けるためだ。法案としては、なかなか上手い建て付けになっているという。

特に重要性の高い施設周辺の土地や国境離島を「特別注視区域」としているのは妥当だ。防衛関連施設や発電所などは、国と国民の安全に直結するからである。

その上で今後、見直さねばならないのは、特別注視区域だけではなく、対象を事前に限定した注視区域の範囲である。農地や森林、幹線道路の周辺や市街地の土地、監視・観察に適した建物（タワーマンションを含む）なども含めなければ、ザル法になる。

対象エリアの、周辺おおむね一キロという範囲も狭すぎる。防衛施設や空港など、広い土地を使用する施設から見て、一キロという範囲はほとんど施設内も同然である。法案策定前から数字で縛らず、柔軟に適用できるよう、法運用者に裁量の余地を残しておくべきである。

そして、繰り返すが、危険を事前に排除するための法律であるならば、所有制限に踏み込むべきである。国籍で差別的な扱いをしなければ、利用制限だけでなく、所有制限も可能であることは、先ほど指摘した通りだ。それをしないで、できない理由ばかり並べるのだとしたら、日本の土地を買い漁る中国企業とその背後にいる中国共産党政権に気兼ねしているのではないかと、勘ぐってしまいたくなる。

これに関し、福岡市内に事務所を持つ堀内恭彦《やすひこ》弁護士は、産経新聞九州・山口版の「熱血弁護士　堀内恭彦の一筆両断」に寄稿し、「外国資本による日本の土地の買い占め問題はもはや待ったなしの状況である。北海道では中国資本によって別荘やリゾート地のみならず、森林・水源地、さらには自衛隊基地や飛行場周辺の広大な土地が爆買いされている。国境離島の長崎県・対馬でも韓国資本による土地の買い占めが止まらない。安全保障上、由々しき事態である」と指摘している（令和三年七月五日付 電子版）。

あらためて整理すると、この土地利用規制法は、自衛隊基地や原子力発電所などの重要インフラ施設の周辺約一キロと国境離島などを「注視区域」とし、土地所有者の国籍や氏名、利用状況などを調査できるとした。特に重要性が高い区域を「特別注視区域」と定め、不動産売買の際には事前に国籍や氏名を届け出ることを義務づけた。重要施設などの機能を阻害するような利用行為があれば、勧告・命令がなされ、違反した場合は二年以下の懲役などが科される。

成立の過程では、与党の一部や野党、弁護士会などから「財産権、プライバシー権などの人権を侵害する」「あいまいな要件のもとで刑罰を科しており、罪刑法定主義に反する」などの反対論が相次いだ。しかし、国家安全保障の観点から、人権が一定の制限を受けることは当然であり、また、運用方針を具体的に定めることによって、恣意的な刑罰適用は避けることができるから、反対論者の指摘こそ、国土の切り売りを是認する恣意的な法解釈と言える。もっとはっきり言えば、こうした反対論者は日本の国土を買い漁る外国人の代弁者であり、その目的は何なのかと問い詰めたいほどだ。

先の堀内氏は、「何とか成立にこぎつけた法律であるが、安全保障の観点からはまだまだ不十分であると言わざるを得ない。この法律は外国人は日本の土地を買うことができないというものではなく、あくまでも、その利用行為に限って制限を加えたものに過ぎない」と指摘し、効果が十分ではないと懸念を示す。

その理由について堀内氏は、「ネックになるのが、日本が一九九四（平成六）年に加盟したG

ATS（サービス貿易に関する一般協定）における『日本人と外国人の待遇に格差を設けてはならない』（内国民待遇の保障＝日本人と同等の扱いをすべきというルール）という国際ルールの存在」だという。加盟時に土地取得に関する「留保」を行っておけば、外国人の土地所有を禁じることもできたのだが、お粗末なことに、日本は世界からの投資を呼び込みたいがために、この「留保」を行っていなかったことは、先に述べた。

堀内氏は、「外国人の土地取得は国家の存立にかかわる問題である。日本は不動産取引については国際的に開かれ過ぎた自由市場であり、常に外国人による買い占めの危険にさらされている。今回の法律制定で安堵することなく、国際ルールの壁を乗り越えるためにGATS加盟国への働きかけを強め、協議を進めていかなくてはならない。法整備の遅れを喜ぶのは土地を買い漁る外国勢力だ」と警鐘を鳴らしている。

このように、外資による土地取得を制限する法律こそできたが、何とも頼りない。どう考えても、やはりザル法である。

消えた政令五十一号

実は日本には、外資の土地取引規制の手段として、大正時代に制定された「外国人土地法」がある。大正十四（一九二五）年に制定され、翌年十一月十日に施行された。国防上重要な地域における外国人による土地の取得に対して、陸軍大臣、海軍大臣の許可を得ることを義務づけていた。伊豆七島、小笠原諸島、対馬、沖縄諸島、南樺太、千島列島など国境にある島々や、横須賀、呉、佐世保など帝国海軍鎮守府所在地が、その対象となっていた。だが、「仏《ほとけ》作って魂入れず」とはこのことだ。

せっかく、こうした有用な法律があるにもかかわらず、終戦により帝国陸海軍がなくなったことで、実効性を高める政令が制定されないいまま、終戦後の昭和二十（一九四五）年十月、「司法省関係許可認可等戦時特例等廃止ノ件」（勅令第五九八号）によって廃止されてしまった。

ところが、これを補うかのような法律が、戦後日本には存在していたのである。

それが、外国人の財産取得に関する政令五十一号（昭和二十四年三月十五日）だ。これによって、外国人や外国資本による財産取得に関して、制限をかけることができたのである。戦後まもなく、GHQ（連合国軍最高司令官総司令部）の占領下で、負けてなお、日本の国土と領土を戦勝国から守ろうとした、先人の努力に泣けてくる。これは、天皇陛下の名のもとに公布された勅令だ。時の首相は吉田茂である。

国立公文書館デジタルアーカイブで原本を閲覧できるのだが、第一条では、諸外国との健全な経済関係の回復を促進するとともに、国民経済の復興および自立を図り、あわせて国家資源を保全するため、外国人の投資および事業活動を調整することを目的としている。

第三条で、外国人が財産を取得するときは、主務大臣の認可を受けなければならないとされていた。ここでいう財産とは、土地、建物、工場、事業所、財産の賃借権、使用貸借に基づく借主の権利、地上権、著作権なども対象となっている。主権国家であれば当たり前のことであるが、何も規制がない現状を振り返ると、頼もしい法律に見えてくる。

しかし、なんとこの政令、昭和五十四年まで生きていたのに、国会できちんと審議されぬまま、いつのまにか廃止されてしまい、現在に至っているのである。

政令が制定されてから廃止されるまでのあいだ、昭和二十六（一九五一）年九月にサンフランシスコ講和条約を締結した日本は、条約第十二条が定めた「条約締結国と中立国の国民に内国民待遇を与えるために、外国人を指定して政令の適用を除外する」との規定を守るため、翌二十七年二月に政令を改正している。

ただ、注目すべきは、講和条約第十二条は同時に、相互主義も謳っていたのである。

例外規定だ。すなわち、連合国が内国民待遇または最恵国待遇を日本国に与える場合に限り、連合国に内国民待遇または最恵国待遇を与える義務を負うとしているのだ。

噛みくだいて言うと、相手国が日本の国民に対して制限をつけている場合、日本でその国民に対して制限を課しても良いということである。つまり、中国のような共産主義国家の場合、日本人は中国の土地を取得できない。そうであるならば、相互主義に基づいて、日本も中国企業や中国人に対し、土地の売買規制をかけても、条約の精神に反しないのだ。

しかし、昭和五十四年十二月に改正された外国為替及び外国貿易管理法（改正外為法）の附則

第二条により廃止されてしまった。先述した通り、ろくに審議もなされぬままに廃止されたため、なぜ廃止してしまったのか、真相は藪《やぶ》の中だ。前出の長尾たかし氏が関係省庁に照会しても、議事録は出てこなかったという。

参考までに言うと、政令を廃止する際は、同種の政令か、上位の法令によらねばならない。

これは筆者の推測だが、当時は自民党の大平正芳政権である。すでに自由主義、民主主義諸国の中で経済のグローバル化の萌芽が見られる中、外国資本による日本国内への投資は、イノベーション（技術革新）を生み出す技術やノウハウをもたらすとともに、地域の活性化、雇用機会の創出につながるものとして、日本の経済の持続的成長に資するという観点から歓迎すべく、法の網を破り捨ててしまったのではないか。

米国離脱後、環太平洋戦略的経済連携協定（ＴＰＰ）を主導してきた日本としては、自由な貿易を維持する観点から、中国であれ、なんであれ、外資の導入を大目に見てきた。その結果が、中国に爆買いされる、情けなくも危険な現状なのだ。少子高齢化が進む現状に鑑み、むしろ中国資本の導入や中国人移民の増大を、積極的に推進してきたものと思われる。

いずれにせよ、日本の法律は抜け穴だらけである。不断の見直しにより、実効性の高いものにしていかねばならない。

第五章　政界の背徳

中国が絶賛する親中派「河野ファミリー」

日本の政界がいかに中国寄りで、その毒が回っているのか、東西の両横綱、自民党の二階俊博前幹事長と旧民主党の小沢一郎代表について書こうと思っていたら、令和三（二〇二一）年九月の自民党総裁選を機に、ダークホースが現れた。河野太郎衆院議員だ。

何が問題かというと、親族が経営する日本端子株式会社（本社、神奈川県平塚市、代表取締役・河野二郎）である。大株主は、親中派として知られ、慰安婦に関する悪名高い「河野談話」を出した元衆院議長の河野洋平氏だ。きちんと調べもせずに慰安婦の一件を謝罪し、朝鮮半島出身の慰安婦は日本軍に強制連行されたと会見でのたまった談話だ。代表取締役の河野二郎氏は、言わずと知れた河野太郎氏の実弟である。河野太郎氏自身も、かつてこの会社に在籍した。

この一件ですぐ思い出されるのが、バイデン米大統領の次男だ。二〇二〇年の大統領選で、この次男が中国ビジネスに深く関わっていたことが米メディアに取りざたされた。「中国共産党に弱みを握られているのではないか」「対中政策に影響を与えるのではないか」「米国のリーダーとして大丈夫か」などと、一部の米メディアで厳しく追及されたものだ。

河野氏の釈明になっていない「釈明」はのちほど紹介するとして、まずは、日本端子なる会社を見てみよう。

同社は昭和三十五（一九六〇）年に設立され、自動車や太陽光発電に使う端子・コネクタの製造や販売を手掛けて、約一七五億円を売り上げている（二〇二〇年三月期決算）。中国・北京市など三カ所に、北京日端電子有限公司、昆山日端電子科技有限公司、香港日端電子有限公司といった合弁会社や子会社を持つ。

合弁会社の場合、中国の国内法によって、中国人共産党員が三人いれば、企業内に党組織を設立する決まりとなっている。そんな親族経営の会社が、中国共産党とよろしくやっているのである。日本端子から河野太郎議員への政治献金は一二〇〇万円を超える。

中国側企業「京東方科技集団」との合弁企業である「北京日端電子有限公司」のトップである陳炎順氏は、関係筋の話によれば、「バリバリのエリート共産党員」であり、二〇二一年六月には優秀党務工作者三〇〇人の筆頭として、全国優秀党員に選ばれている。それはそうだろう。河野一族を取り込むことに成功したのだから。先述のように中国の国内法では、共産党員三人以上を抱える外資企業は、企業内に党組織を設置しなければならないとある。果たして党組織はないのか。あったとすれば大ごとだ。

しかも、この合弁企業は、米政府がエンティティリスト（米国輸出管理規則）に記載している華為技術（ファーウェイ）と戦略的提携を結んでいるのである。同盟国日本の、それも河野氏の親族企業がこんなことでは、安全保障上、ハイリスク企業を排除していこうという日米両国の動きに逆行する。エンティティリストとは、米商務省が輸出管理法に基づいて、国家安全保障や外交政策上の懸念があると指定した企業のリストのことをいう。

まだある。日本端子の主要事業に、太陽光パネルがある。中国・新疆ウイグル自治区にある太陽光パネルの部品工場では、強制労働の疑いが浮上している。米政府は二〇二一年六月二十四日、「労働者に対する脅迫や移動の制限が確認された」と人権侵害を指摘し、中国企業「合盛硅業（Hoshine Silicon Industry）」から、パネルの部品となるシリコンの輸入を禁止すると発表した（ハフポスト二〇二一年七月一日付 電子版）。この多結晶シリコンは、新疆だけで世界の半分近い生産能力を持つとされる。日本端子の製品がウイグルで作られている太陽光パネルに使われていないかどうか、日本端子も河野氏も説明が求められる。

中国政府が「河野推《お》し」で動いていたからだろうか。河野氏は、あろうことか、外相時代の二〇一九年八月、中国外務省の華春瑩報道局長とのツーショット写真をツイッターで公開した。河野氏は同年一月の訪中の際にも華氏との写真を投稿しており、河野氏は「久しぶりのセルフィー

〈自撮り写真〉」と書き込んでいる。親族企業が中国相手に大儲けしているのだから、それはそれは嬉しいのだろう。日本を代表する外務大臣とは思えないほどの、はしゃぎぶりである。

何度でも言うが、政治活動に影響を与えるということは全くない？　同社株の保有についても、何の問題もない？　この華報道局長との情けないセルフィー画像は何なのだ。河野氏は、人権弾圧を受けているウイグルやチベット、香港の人がこの写真を見てどう思うのか、想像したことはないらしい。絶えず中国による軍事進攻の危機にさらされている台湾の人たちは、この写真をどう見るだろうか。自由と民主主義、基本的人権に普遍的価値を見出す欧州や米国はどう見るのか、考えたことはあるのか。日本に与えた外交上のダメージは計り知れない。

この日本端子の件だけを見ても、河野氏は総理・総裁の器にあらず。論外である。日本のトップになりたければ、身辺をきれいにすべきである。

河野太郎氏の公式ツイッターより

そんな中、筆者も何度か「日本復喝！」というコーナーで中国問題などを連載させてもらっている産経新聞の遼紙「夕刊フジ」が聞いてくれた。

自民党総裁選さなかの九月二十一日、閣議後の記者会見で、夕刊フジの村上智博記者が、ズバリ質問した。村上記者は、筆者が産経新聞の九州総局長時代に共に汗を流した敏腕記者で、当たりは柔らかいが質問は厳しいとの定評が社内にある。口はばったいが、九州総局時代、そのように鍛えてきた。会見はオンラインで、記者クラブに所属していないにもかかわらず、内閣府側の差配で二番目に質問できたという。河野氏のパワハラに普段から悩まされていた役所が、気をきかせたのではなかろうか。

村上記者が聞く。「中国進出が悪いわけではないが、河野政権になれば中国から格別に優遇されたり、逆に嫌がらせを受ける可能性もある。中国に毅然と対応できるのか」

これに対し、河野氏は「私の政治活動に影響を与えることはない」と即答した。村上記者がさらに追及し、畳みかけるようにその根拠を尋ねると、河野氏は「何か中国側から嫌がらせを受けたり、というのは企業側がどうカントリーリスクを判断するかに尽きる」と説明したが、優遇される可能性については言及しなかった。カントリーリスクなど、親中派の父、洋平氏を持つ河野太郎氏が使う言葉ではない。この会社に経営危機が訪れるとすれば、それは河野氏が中国政府に対し、毅然と対応したときだろう。親族の会社を経営危機にさらしてまで、中国と向き合えるのか。それができなければ、日本と日本人を売ることになる。

実際、中国では二〇二一年六月から、反外国制裁法が施行された。人権問題や中国の覇権主義的な態度に対して、日本政府が中国を批判したりすれば、日本端子が制裁対象になることも十分に考えられる。

この点について、筆者も時々出演させていただいているインターネットテレビ「文化人放送局」の山岡鉄秀《てつひで》（情報戦略アナリスト）、平井宏治《こうじ》（株式会社アシスト社長）、朝香豊《あさかゆたか》（経済評論家）、さかきゆい（コンサルタント）の各氏が連名で、令和三年九月二十四日付で河野氏宛に質問状を出している。

日本端子が中国の制裁対象になった場合、「同族企業を守るためには中国政府の意向に逆らうことは不可能だ。そのような構造下で河野氏の政治活動に影響が及ばないとは考えにくい」として、河野氏が「影響がない」と断言する根拠を問いただしている。後日談だが、山岡氏は河野氏にツイッターをブロックされたという。

帝国データバンクの企業情報によると、日本端子は非上場で、河野氏は四千株を保有している。今後の株式の扱いを聞くと、河野氏は「資産報告を毎回しっかりやっており、問題はない」と答えた。

米国をはじめ、これだけ世界が覇権を目指す中国への警戒感を示しているときに、河野氏がこんな大甘な認識を披露すること自体が驚きである。筆者は、こうした利害関係にある企業を持つ政治家には絶対、この国を任せられないと思う。

あぶり出された媚中派の大御所「二階氏」

「他国の政治行動について、とやかく意見を述べることは適当ではない。慎重に見守っていくということでいいのではないか」（令和二年六月一日の記者会見）

「日本への支援の心は金銭に代えられない」（同年三月十二日、香港フェニックステレビの単独インタビュー）

「生涯かけて中国のご厚意に応えていかねばならない」（同）

もうお分かりだろう。発言の主は自民党の二階俊博・前幹事長である。

冒頭の発言は、中国が香港に対して、言論や集会、報道の自由を奪う国家安全法の導入を決めた際に、産経新聞記者の質問に答えた発言だ。国家安全法が「香港抑圧法」であり、国際公約の一国二制度を否定するものであることを、二階氏が知らないはずはない。

その後の発言は、アリババ創業者のジャック・マー（馬雲）氏からマスク百万枚が寄贈されたことについて、インタビューに答えて語った発言である。

さすがは二階氏だ。東京・上野動物園をさしおいて、地元の動物園「和歌山アドベンチャーワールド」（白浜町）に、七頭ものパンダがいるわけである。中国との関係はどこまでも深い。人間の警戒感を解くかわいいパンダは、まさに、チャーム・オフェンシブ（魅力攻勢）の小道具だったのである。

むろん、マスクをもらって感謝することを批判しているのではない。中国への制裁を表明した米国との足並みを乱し、香港市民を見捨てるような発言をした人が、一方でマスクをもらって喜び、謝意を表している姿を世界の人々が見たらどう思うか、考えてほしかったと言っているのだ。

こうした二階氏の姿に、香港市民や欧米諸国が怒りを感じても、北京が喜ぶことはまずないだろう。籠絡した相手が、筋書通りに当然の言動をしただけだと受け止めるだけである。二階氏は確信的なパンダハガー（親中派、中国びいき）と見られるが、その他の議員への中国側の日米分断工作は激しかったはずだ。その手法は、恫喝《どうかつ》と懐柔《かいじゅう》である。

恫喝にもいろいろあるが、中国と友好関係にある公明党や支持母体の創価学会を通じ、次の選挙で協力しないぞと圧力をかけるケースもある。日本チベット議員連盟に所属していたある議員が、在京中国大使館の政治担当公使から、「選挙で落としてやる」と言われたという話を聞いたことがある。聞けば、小選挙区に二万票はあるとされる学会票を回さないという意味だったそうだ。

もう一つの懐柔工作は、中国訪問を招待し、共産党の大幹部に会わせ、記念写真を撮らせるとささやいたりすることである。

そんな二階氏がこれまでに遺した「議員外交上」による国益の損失は、計り知れないものがある。

二階氏は二〇一九年四月、安倍晋三首相（当時）の特使として訪中し、習近平国家主席に安倍首相の親書を手渡した。このときの模様を、中国問題グローバル研究所所長で、筑波大学名誉教授の遠藤誉《ほまれ》氏は、同年四月二十六日付のニュースサイトの記事で、こう表現している。

「二階氏の姿は、『えっ！』と声に出したくなるほどの『朝貢ぶり』を全身から醸し出していたのである。二階氏は、まるで初めて習近平と会談した金正恩委員長のように『私はあなたの生徒です』と言わんばかりに必死になって習近平の言葉のメモを取っていた。他国の首脳がリラックスしてテーブルの上で手を組んだり、にこやかに椅子の背に体を持たせかけている姿とは、あまりに違い過ぎて異様な光景として映った」

こうした卑屈な姿勢は、世界中に動画ニュースとなって配信された。それ以上に問題なのは、二階氏と習氏の会話の中身である。遠藤氏のコメントを引用する。

「二階氏は四月二十五日から北京で開催されている第二回一帯一路国際協力サミット・フォーラムに参加するだけでなく、『中国との一帯一路に関する協力を強化したい』と習近平に述べている。会談では『習近平主席が提案なさった一帯一路は巨大なポテンシャルを持った壮大な構想で、中国がこの構想を通して世界と地域に重要な貢献をしていることを、日本は積極的に高く評価している』とも言っている。それだけではない。習近平との会談後、二階氏は記者団に『今後も互いに協力し合って（一帯一路を）進めていく。米国の顔色をうかがって日中の問題を考えていくものではない』と強調した」

遠藤氏のコメントからの引用は以上であるが、それだけではない。二階氏はあろうことか、訪中前の四月二十三日の記者会見で、「日本は日本として独自の考えで中国と対応をしていく、こういうことだ。アメリカから特別の意見があったらうけたまわるが、それに従うつもりはない」とまで言い切っている。これが、強固な日米同盟の片割れの与党幹部の発言かと思うと、暗澹《あんたん》たる気持ちになる。習氏に対して「尖閣諸島に手を出すな」ぐらいの当然のことも言えずに媚《こ》びを売る姿は、まさに「三跪九叩頭《さんききゅうこうとう》の礼」で臣下の礼をとる下僕そのものだ。三跪九叩頭とは、一度ひざまずいて、三回頭をたれるという動作を三回繰り返す、清朝の皇帝に対する臣下の礼である。

二階氏には「前科」がある。平成二十七（二〇一五）年五月下旬、観光業界関係者ら約三〇〇〇人を帯同して訪中した一件である。日本からは約二十人の国会議員、御手洗《みたらい》冨士夫・日本経団連名誉会長らの政財界の要人も参加した。その十五年も前の平成十二（二〇〇〇）年五月にも、運輸大臣だった二階氏は「日中文化観光交流使節団」を率いて訪中している。この時、募集定員は二〇〇〇人だったが、参加者はなんと五二〇〇人に達し、ほぼ全員が、北京の人民大会堂で開かれたセレモニーに出席し、当時の江沢民・国家主席、胡錦濤・副主席の歓待を受けた。中国メディアでも「過去最大級の使節団」と報じられた。

二階氏は当時、この訪中団のために運輸省、自治体、旅行業界、航空業界をまとめて実行委員会を作り、全国から参加者を募集、各地の空港からチャーター便で中国に送り込んだ。「参加者は北京のほか、上海や桂林、香港、重慶、大連、成都、洛陽などのコースに分かれて観光した」という（自民党古参秘書）。このとき二階氏の地元・和歌山でも、旅行代金ひとり十四万円（ビジネスクラスは三万円アップ。ホテルの一人部屋は一万六千円アップ）で四泊五日のツアーを募集し、南紀白浜空港からチャーター便を飛ばしている（週刊ポスト二〇一五年三月三日付 電子版）。

その後も、第一次安倍政権で自民党総務会長を務めた平成十九（二〇〇七）年には「日中二万人交流」を掲げ、わずか議員七人だった二階派の訪中団を組織して、一千人を連れて行った。翌二十年に四川大地震が発生すると、素早くテントや食料品などの支援物資を集め、自公の「日中関係を発展させる議員の会」訪中団団長として、全日空のチャーター機で現地に日帰りで届けた。

旅行代理店の業界団体「全国旅行業協会」の現役会長を務める二階氏は「日本の観光業界のドン」だけに、ツアーの参加者集めはお手の物なのだという（同前）。

そんな二階氏には、中国による人権弾圧や軍事的威嚇にさらされるウイグルもチベットも香港も、そして台湾も、まったく眼中にないようである。

歴史に残る朝貢議員外交の「小沢氏」

二階氏の朝貢議員外交を言うなら、この御仁についても触れないわけにはいくまい。

小沢一郎元民主党代表だ。令和三（二〇二一）年十月末の衆院選では選挙区で敗退し、かろうじて比例復活を果たしたが、このころはまだ、飛ぶ鳥を落とす勢いだった。民主党の幹事長時代に訪中した平成二十一（二〇〇九）年十二月十日から十三日までの四日間に、総勢六四〇人の国会議員らを連れて北京参りを行った。悪名高き「小沢訪中団」である。

このときの小沢氏の発言を知らぬ者はいないだろう。小沢氏は十日の午後、人民大会堂で胡錦濤主席と会談した際、平成二十二（二〇一〇）年夏の参院選について、「こちらのお国（中国）に例えれば、解放の戦いはまだ済んでいない。人民解放軍でいえば、野戦の軍司令官として頑張っている」と述べた。もはやリップサービスにもなっていない。中国に媚びを売る、卑屈な姿だけが浮かび上がってくる。

沖縄・普天間《ふてんま》飛行場の辺野古《へのこ》移転をめぐり、鳩山由紀夫首相（当時）の「最低でも県外」発言で日米関係が揺らいでいた際に、その修復に汗を流した米上院議員のダニエル・イノウエ氏は、こうした小沢氏の発言について、「正直驚いた。われわれ上院議員の一部は、大訪中団は自分が実力者であることを小沢氏が誇示するための示威行動だったと見ている」と述べている。小沢氏ほどの実力者が、これまた「三跪九叩頭の礼」よろしく、大将の前で軍司令官だなんて言っているのだから、まさに聞いて呆れる発言だ。

こんな二階氏や、かつての小沢氏だけではない。日本政府も、だらしないといったらない。香港の自由が死にかけていた時分、強権を発動する中国政府に対し、何ら効果的な発信をできないでいたのだから。

菅義偉官房長官（当時）は、令和二（二〇二〇）年五月二十八日の記者会見で、「香港の情勢を深く憂慮している」と述べた。それに先立つ二十二日の会見で、「大変高い関心を持って注視する」と語ったよりは強い表現になったが、「非難」や「抗議」といった言葉は用いなかった。

これでは、屁の突っ張りにもならない。コロナの影響で習近平国家主席の国賓来日こそ年内の実施は見送られ、二〇二一年以降も無期延期となったが、こうした弱気のコメントは、中国を刺激したくないという気持ちがあまりにも強く出過ぎたものであろう。

日本政府の対応がいくら「米英両国から支持されている」（菅氏）といっても、対中制裁に踏み切ろうとする米政府とは一線を画そうとするなど、どこまでも情けない外交姿勢である。中国が何をされることを嫌い、それをされた場合にどこまで耐えられるのかを冷静に分析して「次の一手」を打つ戦略性を感じさせない。米国も内心は、日本のへっぴり腰に苦虫を噛み潰しているのではないか。苦虫を潰すだけならまだしも、「レッド（中国やロシアといった権威主義側の国）」認定して、本気で日本に圧力をかけてきたとしたら、それまでが良好だっただけに、同盟関係に入ったヒビを修復するのは、それこそ大変だ。

日米および日欧間にクサビを打ち込もうと虎視眈々《こしたんたん》としている中国にとって日本が一番くみしやすいと思われては、欧米各国が中国との対立を深める中で、欧米諸国とのあいだにすきま風が吹きかねない。日米欧が対中包囲網を敷く中で、いつも最初に穴が開いてしまうのが日本だということになれば、自由と民主主義という共通の価値観を有する欧米諸国からも浮いた存在として逆に警戒の対象となるだろう。

そんな心配をよそに、日本政府の反応について、外務省幹部がこう解説してみせた。

「みんなで中国を非難することが国益にかなうのか。こういう状況だからこそ、余計に中国と意思疎通を図らなければいけない」（産経新聞二〇二〇年五月三十日付 電子版）

その結果が、毎日のように起きる中国海警局の船舶による尖閣諸島への領海侵犯や、日本漁船の拿捕《だほ》未遂事件である。中国在住の日本人も、容疑事実が公表されないまま七人（二〇二一年九月現在）がいまだに拘束されているのに、こんな偽善的なセリフ、外務省担当時代に筆者は何度聞いたことだろうか。相手はむしろ、尻尾を振ってすり寄る日本政府を、内心では軽蔑するはずだ。それが中国共産党政権の本性である。

最後にこの方にも、ご登場願おう。防衛庁長官を務めたこともある自民党の額賀福士郎衆院議員である。彼に関するエピソードは、思い出すたびに目まいを覚える。村田良平元駐米大使の自著『村田良平回想録（下巻）』（ミネルヴァ書房、二〇〇八年）によると、訪中した額賀氏らは江沢民国家主席の前にひざまずき、「江沢民閣下」と、ひれ伏したというのだ。村田氏は同著で、日本外務省のチャイナスクールや親中の政治家たちが中国を甘やかして、結果的に彼らを増長させたと指摘している。

君、国を売り給《たも》うことなかれ、だ。

第六章　財界の背徳

企業内で「人民武装部」が活動？

東京都内に本社を置く大手製造メーカーが中国国内に設立した合弁企業内に、民兵の軍事訓練などを担当する「人民武装部」を設置していたことが、関係者への取材で明らかになった。裏づけを取るため調べてみると、確かに合弁企業も自社ホームページに掲載していた。このホームページは、なぜか日本のパソコンからは見られない仕様になっている。

この会社は、合弁企業内の人民武装部について、筆者の取材に対し、二〇二一年九月十七日付の電子メールで、「××××（合弁会社）において、〝人民武装部〟という組織は存在しておりません。従いまして、いただいたご質問事項に関してお答えできるものはございません」と回答してきた。合弁企業のホームページに証拠写真まであるのに、その存在を公式に否定してきた以上、企業名を出すのは、はばかられる。

そこで、別ルートから事実関係を確かめるべく、産経新聞の北京支局経由でこの合弁会社に取材をかけてもらったが、たらい回しされるばかりで、取材窓口にたどりつけなかったという。これが中国の実態である。取材から逃げ回っているとしか思えない。

だが、直接の裏づけが取れず、合弁企業のホームページの写真が絶対に本物であるとも言いきれない以上、ここではこの企業が特定されない範囲内で、この「事実」を紹介していきたい。その趣旨は、この会社が道義的にどうのというのではなく、あくまで、日本企業が中国に進出した場合の、企業リスクと企業統治（コーポレートガバナンス）について、情報を多くの人と共有し、一緒になって対策を講じていくためである。

さて、ホームページに写真入りで説明書きまで添えた証拠が出ているものを否定するとは、筆者もさすがにたまげた。だが、それでも人民武装部の存在をあくまで認めないことが、企業を守る道だと判断したのだろう。中国側とも協議して存在を否定する回答を出したであろうことは想像に難くないが、今回のこの会社の回答は、はなはだ残念である。

それにしても驚くではないか。日本を代表する製造メーカーに、中国人民解放軍と強力な連携関係にある、人民武装部なる組織が存在していたのである。人民武装部は、中国共産党への絶対服従を求められているほか、人民解放軍の指揮下にもある。それが、中国に進出した他の日本企業にも存在している可能性があるのだ。当の日本企業が一番それを知っているはずだが、証拠もなしに、まともにその存在を問いただしたところで、「はい、ございます」と答えるわけがない。ましてや、自ら率先して世間に公表するはずもない。それは、隠しておきたい事実であろうからだ。担当の違う他の部署の社員には、まったく知らされていない可能性だってある。

さて、中国でビジネスをする以上、中国の国内法に従うのは当然だ。中国進出で貸し借り関係にあれば、それが人民武装部の設置であったとしても、断れない事情が日本企業側にあっても不思議ではない。人民武装部の存在は、日本企業にとって、あってほしくない存在ではあるが、それを断れば、そもそも中国に合弁企業という形で進出できないし、たとえ合弁企業の立ち上げまで持っていけても、その後のビジネスに支障をきたし、儲かるものも儲からない可能性もある。人民武装部が企業内にあることによるメリットとデメリットを天秤にかけた結果が、この会社に見られるような人民武装部の存在なのだろう。

問題の合弁企業は、二〇〇〇年代初めに、中国企業と五〇%ずつ出資して設立されている。中国の国内法である民兵工作条例によって合弁企業内に設置された人民武装部は、主に、民兵や予備役の軍事訓練や政治教育など、軍事関連業務を担う。また、企業が所有する資産などの徴用に応じることも義務づけられている。「民兵」は、中国国防法で規程された組織であり、人民解放軍、武装警察と並ぶ実力組織だ。

この民兵とともに「予備役」も日ごろから軍事訓練を行い、民兵同様、平時も暴動の取り締まりや災害救助などの任務を負う。二〇二〇年十一月十三日から十五日の三日間、同社内の共産党中央委員会が「人民武装愛国主義教育活動」を実施し、同社の社員兼民兵ら三十二人が参加したという（同社ホームページ二〇二〇年十一月十八日付）。

　掲載された写真を見ると、この社員兼民兵たちは、迷彩服を着て会社敷地内と見られる芝生の上で車座になり、リーダーと思しき人物の話を聞いている。立て看板には、「××××有限公司」「人民武装部愛国主義教育活動」と書いてある。また、別の写真では、愛国主義教育活動に参加した社員兼民兵らが中国国旗の五星紅旗を模した「民兵応急分隊」と書かれた朱色の旗を持ち、「××××有限公司人民武装部愛国主義教育活動」と染め抜かれた、真っ赤な横断幕を掲げているのが、はっきり見てとれる。

　サイトによると、人民武装愛国主義教育活動の式典には、共産党委員会委員、党委員会作業部長、人民軍大臣の

人民武装部による愛国主義教育活動の様子
（合弁企業のホームページより）※画像の一部を加工

魏志剛氏が出席して演説を行ったとの説明書きがある。

魏氏は演説で「（社員兼）民兵は国防動員と人民軍の活動において重要な力であり、民兵の優れた軍事的資質は人民解放軍を支えるものである」と述べている。

サイトは、「現在の国際的および国内的な傾向と新型コロナウイルス流行の影響があるが、民兵は流行と戦い、生産を確保し、目標を推進し、会社の生産と運営の指標の円滑な完成を促進する。この愛国的な教育活動を通じて、民兵のイデオロギー意識が向上し、人民解放軍の輝かしい伝統と洗練されたスタイルが職場で受け継がれ、責任感が強まり、毎年恒例の生産と運用の目標の正常な完遂を目指す」と説明している。

さらに、「『党と国の歴史を深く研究し、愛国心の精神を継承する』という理論的研究を次々と実践し、『同手同脚（右手と右足を一緒に動かすこと）』などの物理的な訓練のほか、一九一一年の辛亥革命の武昌起義記念館を訪問した。愛国的な教育活動は（社員兼）民兵に歓迎され、良い成果をもたらした。社員兼民兵代表は、『この愛国的な教育活動を通じて、国防の知識を学び、国防の意識を高めた』と述べた。イベントに参加した（社員兼）民兵は、このイベントを機会として民兵の戦闘精神を日常業務に取り入れ、会社の年間生産および運営目標の円滑な完了に積極的に貢献することを表明した」とある。

最後に、「××××人民軍部（人民武装部のこと）は、主に人民軍の活動と国防動員を行う×××株式会社の人民軍委員会の承認を得て、二〇一八年十一月に設立された。人材育成省は設立以来、人民武装部の管理と法を順守する自己規律の原則を常に厳守し、標準化された組織構築、厳格な軍事訓練、民兵などの任務を遂行してきた」との説明で終わっている。

いやはや、がっつり食い込まれているではないか。日中合弁企業とは名ばかり、完全に乗っ取られている。他の日本企業にもこうした人民武装部が設置されているかどうか、経済産業省など関係当局の確認が急がれる。このような外資系企業における人民武装部はまだ、表立って公表されるケースは少ない。中国側も、外資企業や、企業が属する国の政府から反発を受けないよう、慎重に設置を推進していると見られる。

実際、日本企業ばかりではない。中国国防法には外資系企業を除外する規定はないため、この日系企業のほか、独大手メーカーの中国進出企業内にも、同様の人民武装部の存在が関係当局に確認されている。それを示す資料が手元にある。事実関係を確認するため、令和三（二〇二一）年九月十四日、同社のドイツ本社広報グループに電子メールで、人民武装部の存在の有無を問う質問を書いて送った。すると、まもなく筆者のメールは中国法人の広報担当に転送され、ものの数時間で返事をくれたのは、さすが一流企業である。しかし、残念ながら答えは「ノー」。社交辞令とともに、「人民解放軍の軍組織（人民武装部）はありません」というものだった。

手元の資料などによると、この会社と中国企業の合弁企業は、一九八四年に上海市に設立された。中国国有企業とこの会社が五〇％ずつの出資となっている。二〇一九年七月下旬には、合弁企業の共産党委員会書記で人民武装部第一部長らが上海市の人民武装部を訪問し、表敬を受けた幹部から、合弁企業内における人民武装部の組織強化や活動の充実ぶりについて「お褒めの言葉」をいただいている。同じころ、合弁企業内の人民武装部が、建国七十周年、建軍九十二周年の記念行事を開催していた。また、同時期に、合弁企業の人民武装部第一部長らが新疆ウイグル自治区の首都ウルムチを訪れ、ウルムチ工場長らとともに、人民武装警察新疆総隊を表敬訪問している。

中央軍事委員会の方針に基づいて動員される人民武装部が日本関連企業に存在している事実は、安全保障上、大変危険である。これら企業の資産や施設などが、中国人民解放軍に徴用される危険性を有しているからだ。日本側企業による管理が及ばない人民武装部という内部組織の存在は、企業統治のあり方が問われるだけでなく、技術流出など、安全保障上の懸念もある。中国市場に目がくらんでこの状態を放置すれば、「気づいたらすべての日本企業に人民武装部が組織されていた」などということになりかねない。

米国は現在、安全保障の観点から、中国への輸出管理を強めている。日本企業内の人民武装部の活動次第によっては、米国が今後、日本企業を米国のサプライチェーン（供給網）から外すなどの制裁措置を検討する可能性もあるのだ。

理研ビタミンが上場廃止の危機に

日本の大手製造メーカーが中国に設立した合弁企業内に、民兵の軍事訓練などを担当する人民武装部が設置されていたことが判明し、中国リスクの存在が改めて注目されていることは先に紹介した。この人民武装部に関連した日中合弁企業への直接的なダメージは、まだ表だって確認されていないが、ここに、日本企業内の中国共産党組織が本社を食い物にしたケースがある。「ふえるわかめちゃん」などの商品で知られる食品メーカー「理研ビタミン」（本社、東京都新宿区）だ。同社が一九九四年に買収した中国の子会社（山東省）が、企業内に設置された中国共産党組織に掌握された結果、不適切な会計処理の把握が遅れ、一時、上場廃止の危機に追い込まれる事態に発展したのだ。

中国側の関係者によると、買収の際、前身の中国企業にあった共産党組織を残すことと、党組織の活動に日本側はいっさい不干渉とすることを要求し、日本側が同意したという。中国では、中国共産党規約と会社法の規定で、中国共産党員が三人以上いる企業では、党組織を企業内に設置しなければならない。これは、外資企業も例外ではない。

この点について、理研ビタミン本社は二〇二一年九月八日、電子メールによる回答で、「この子会社はもともと国営企業であったことから、社内に中国共産党組織があったことは把握していた。（中国側の）要求の有無とそれに同意した事実は把握していない」などと回答している。

不適切な会計が発覚したのは二〇二〇年夏ごろ。理研ビタミンは十月、四半期報告書の訂正などが間に合わず、上場廃止見込みと発表するまでに追い込まれた。結局、期限内の提出で上場廃止は回避し、東京証券取引所に改善報告書を提出した。そして二〇二一年の今夏、収益の悪化を理由に、この子会社を中国企業へ売却した。

別の中国側関係者によると、この子会社は、社内の党組織が経営を切り盛りしていたという。このように理研ビタミン本社の目が行き届きにくかったことが、不祥事の発生と、その発覚が遅れた背景にあると見られる。

この一件が突きつけた中国リスクは、中国側で問題が発覚しても十分な調査ができない、という事実である。理研ビタミンが二〇二〇年九月に公表した特別調査委員会による調査報告書では、子会社の社長が所在不明で、十分な聞き取りができなかったとしている。また、副社長に経営状況を記録したコンピューター上のデータ提供を求めたが、国家機密が存在する可能性や、社内の党組織に関する情報の存在などを理由に「拒絶された」という。

こうした外資企業内の党組織について、米連邦捜査局（ＦＢＩ）のクリストファー・レイ長官は二〇二〇年七月、「アメリカの企業にも党組織が設置されていると言われている。警戒を要する」と警鐘を鳴らしている。ＦＢＩ長官にして、この程度の物言いしかできないのは、それだけ米中合弁企業の中国側が、巧妙に組織の名前をカムフラージュするなど、党組織を極秘に設置していることが疑われる。

さらに懸念されるのは、在中国の日本企業だけではなく、日本国内の中国系企業における中国共産党の存在だ。中国国内における中国企業の党組織は、その存在を秘匿しつつ、中国の国家戦略の実現を目的として活動しているためだ。

于《う》紅《こう》在ブルネイ中国大使は二〇一九年三月二十六日、中国建設集団第六工程局の党建設座談会で、「五つの非公開原則」に言及した。于大使は、「駐在国における中国企業のいっさいの経済活動は、すべて国家戦略および外交の大局の範囲内で実施しなければならない。党員の身分、党内職務、党の機構、党内活動および党内資料の非公開という『五つの原則』を徹底すること。中国共産党の組織および活動が、外部に漏れることは絶対に許されない」と語っている。

ではなぜ、在中国の日本企業（合弁）に共産党組織ができるのか。中国では、先にも触れたように、二〇一七年に改正された改正共産党規約第三十条と、会社法第十九条により、中国共産党員を三人以上抱える企業は、党組織を企業内に作らねばならないという規定があるためだ。

問題なのは、この企業内党組織は、「党の利益を最優先に行動する」という規定があることだ。この方針に従わなければ、自身の昇進に影響するほか、党規律上の処罰を受けるおそれもあるという。

中国には、すべてが党の指導下にあるという意味で、純粋な「民間企業」はない。ただ、中国当局が国営と民営を使い分けているため、ここではそれに従った書き方をする。「国有企業改革の深化に関する指導意見」（二〇一五年）によると、国有企業の場合、以前から党組織の設置はもとより、権限の強化を推進し、党の指導とコーポレートガバナンス（企業統治）の一体化を強化している。

民営企業の場合、近年は党組織建設の強化を急ピッチで急いでいる。「新時代民営経済統一戦線工作強化に関する意見」（二〇二〇年九月）によると、「民営企業における党建設工作を、さらに一歩強化する」としている。

外資企業について、北京市党委員会の蔡奇書記は二〇二〇年九月、北京市内を視察した際に、「党建設工作の空白点を削除する」と述べ、外資も党組織建設強化の対象としていることを認めている。

理研ビタミンがこれに該当する。同社の不正会計問題が表面化したことで、企業内党組織が発覚したのは、先に述べた通りだ。ただ、理研ビタミンがどうのと言いたいのではなく、他の日本企業、その合弁企業にも、たくさんの党組織が存在している可能性を指摘しているのだ。理研ビタミンの場合、この内部組織の暴走により、本体が上場廃止の危機に陥った。他の企業も「他山の石」とすべきである。

では、こうした党組織は、どうやって組織を強化するのだろうか。例えば、企業内で学習会や党の記念日の祝賀など実施していたものを、それだけにとどまらず、企業の人事や経理、予算などの決定にまで、口を挟むようにすることである。まさに「乗っ取り」である。

中国共産党が国内外の企業に対し、党組織の強化を通じて締めつけを強化するのは、中国の経済、国家戦略や外交など多方面における民営企業の影響力増大に伴い、その管理強化が急務となっていることが背景にある。そしてそれらが、党にとって無視できない存在となっているということでもある。

現在、中国企業の法人数は、中国統計年鑑二〇一九によると、一八〇九万七六八二社。国有企業は三二万五八〇〇社で、一・八％。大半を占める「民営企業」は、一七六六万二五四社で、九七・六％を占める。また、外資企業は一一万一六二八社で、〇・六％となっている。

このように巨大化した中国「民営企業」のうち、華為技術（ファーウェイ）は二〇二〇年九月十五日、米国の技術が使用された半導体を供給禁止とされ、動画アプリＴｉｋＴｏｋ《ティックトック》で知られるバイトダンス（字節跳動科技）は同年十一月二十五日、米政府が同社の米国事業売却期限を延長するなど、米国の制裁を受けている。

習近平政権は二〇二〇年十一月、アリババ傘下サント・グループの上海および香港上場を延期したり、同年十二月、市場監督管理総局による調査を実施したりしている。党の指導下にあるとはいえ、巨大化した中国の民営企業が、当局の手に負えなくなっているのである。

そんな中国の民営企業で、収益上位五〇〇社のうち四六二社（九二・四％）が、社内に党組織を設置している（二〇一九年現在）。ファーウェイは従業員約一九万四〇〇〇人に対し党員数一万二〇〇〇人以上、バイトダンス同約六万人に対し同約七二〇〇〇人。アリババ同約一二万二四〇〇人に対し同約二二〇〇〇人、テンセント同約六万三〇〇〇人に対し同約八〇〇〇人となっている。

日本に関して言えば、二〇二〇年十月、潮州三環集団関係者が日本の積水化学社員から、スマートフォン液晶技術関連情報を不正に入した事件が発覚している。日中両国を股にかけた秘密情報漏洩事件である。国内外の多くのニュースに埋もれがちだが、この事件が投げかけた意味は大きい。

積水化学工業で情報漏洩事件

大阪市内の大手化学メーカー「積水化学工業」の元社員＝懲戒解雇＝が在職当時、営業秘密にあたる技術情報を中国企業に漏洩した疑いがあるとして、大阪府警が令和二（二〇二〇）年十月十三日、不正競争防止法違反（営業秘密侵害）容疑で書類送検した。

元社員は、「中国企業から、積水化学が持っていない技術情報と交換すると持ちかけられた」、「社内での研究者としての地位が高まると思った」という趣旨の供述をしているという。

高い自己評価と、会社の自分に対する評価にギャップがあったのか。社内での待遇に不満を感じていた元社員の心理につけ込み、先端技術の窃取を狙った中国企業による、したたかな戦略に引っかかったのだろう。

元社員は、スマートフォンのタッチパネルなどに使われる電子材料「導電性微粒子」の製造工程に関する資料を、中国企業に電子メールで送信していた。

漏洩先の企業は、広東省に本社を置く通信機器メーカー「潮州三環集団」だ。この潮州三環集団は、習近平国家主席が十二日に現地視察したほどの超有望企業である。その様子は、中国国営通信の新華社が十三日付の電子版で伝えている。

日本の最先端技術が、民生技術を軍事転用する「軍民融合」を掲げる中国側に流れた先の視察である。注目したいのは、大阪府警が元社員を書類送検した十三日というタイミングだ。何とも絶妙である。習氏が潮州三環集団を視察した翌日だからだ。計ったような送検から浮かぶのは、秘密情報の漏洩を許さないという、日本の捜査当局の強い意思の存在である。

技術流出を阻止する動きは、中国への警戒感を強める米国で活発だ。

二〇二〇年一月、米司法省はハーバード大学の化学・化学生物学科の学科長と、中国国籍の研究者二人を起訴した。研究者を破格の待遇で招聘し、先端技術などの知的財産の窃取を狙う、中国の「千人計画」への関与について虚偽申告をしていた罪に問われたものである。中国が「千人計画」という海外からの人材招聘計画を続ける中、この流れは米国内外で今後、ますます強まることが予想される（千人計画については後述）。

留意が必要なのは、こうした米国の対中姿勢がトランプ政権特有のものではなく、米上下両院の超党派による、一致した流れの中にあるということだ。米国は最先端技術の中国流出を阻止するため、国防権限法や輸出管理改革法（ECRA《エクラ》）、外国投資リスク審査現代化法（FIRMMA《ファーマ》）を成立させ、中国への締めつけを強めている。日本政府も現在、外国から資金協力を受けた研究者に情報の開示を義務づける法整備を検討中だ。欧米で対中規制が強まる中、日本だけが技術流出の抜け穴とならないためだ。

令和二年、日本の防衛技術研究を忌避する声明を出している日本学術会議が、中国科学技術協会と協力の覚書を交わし、二重基準（ダブルスタンダード）が問題となっている。流出した先端技術が中国で軍事転用されれば、日本の安全保障に懸念が生じかねない。
積水化学工業の事件は、まさに経済と安全保障が表裏一体であることを教えてくれている。

日本国内の中国企業にも共産党組織

企業内党組織をはびこらせると、在中国の日本企業（合弁企業）にとって、リスクが高まるばかりであるのは、ここまで見てきた通りだ。

翻《ひるがえ》って日本ではどうか。日本国内にある在日中国企業においても、党組織の設置が日中関係者への取材で確認され、党建設におけるイデオロギー研修などを実施していることが分かっている。

諸事情あって実名は避けるが、いくつか在日中国企業の例を挙げると、電力関係企業の日本法人（党組織の設立は二〇一七年九月）、航空関係企業の日本支社（設立時期は不明）、大規模企業グループの日本支社（二〇二〇年三月）などである。これらの会社の社員で中国人党員の一人は、関係者に「日本という異国にいるが、党組織のおかげで配慮と温かさを感じることができている。在日中国大使館の商務処は党教育を聴講するよう招待してくれ、党中央の最新の文書を速やかに理解させてくれた」と語っている。

また、とある党組織は二〇一七年十月、第十九回党大会の開幕式をネット中継で放送して視聴した。別の党組織は二〇一八年五月、支部大会を開いて、習近平国家主席の主導する社会主義思想などに関する学習会を開いている。

取材していて聞き捨てならないのは、先に挙げた在日中国企業の一つだ。新型コロナウイルス感染が日本でも猛烈に拡大し始めた二〇二〇年三月以降、党の指導のもとで、とある組織を立ち上げ、在日中国大使館に協力する形で、在日企業の会社社員を総動員して、医療用マスクを買い占めたのだ。これなども、二〇一〇年七月に施行された中国国防動員法に準じた動きと見てよかろう。医療用のマスクだけでなく、私たちが日常使うマスクも買い占めるために、ドラッグストアに並ぶ中国人の姿を民放テレビや雑誌などが報じていた。今後も、在日中国企業内で中国共産党組織が増える可能性があり、安全保障上の懸念がさらに高まりそうだ。

「民営企業」に介入強める習政権

こうした問題点について、時事通信の解説委員、西村哲也氏が時事ドットコムの二〇二〇年十月十日付電子版で興味深い論考を発表しているので紹介したい。西村氏は、「中国共産党が社会主義市場経済をけん引してきた民営企業に対する政治的統制を強化する方針を打ち出した」と指摘し、具体的な措置として、「民営企業家らに習近平国家主席（党総書記）の社会主義思想をたたきこんで、『愛国主義』や『産業報国』を要求。有力者を入党させ、党指導下の機関・団体の要職に起用する。民営企業重視の姿勢を示しつつ、実際には習政権の国家総動員体制に組み込んでいくのが狙いとみられる」と述べている。

それによると、習近平政権は、「習思想で頭脳武装」しているのだという。西村氏の指摘は続く。「社会主義市場経済体制では国有企業が金融、エネルギー、通信などの重要分野を押さえているが、改革・開放が進むにつれて市場経済への適応能力が高い民営企業が急速に発展したことが背景にある。その影響力の大きさは『56789』といわれる」そうだ。これは、「民営企業の貢献度が全国の税収で5割以上、国内総生産（GDP）で6割以上、技術革新の成果で7割以上、都市部の雇用で8割以上、企業数で9割以上」という意味である。

「これほど大きな存在となった民営企業について、共産党中枢の事務を取り仕切る中央弁公庁は九月十五日、統一戦線工作の強化を指示する文書を発表した。統一戦線工作とは共産党以外の勢力を取り込む政治活動を指す。国営通信社の新華社電によると、改革・開放が始まってから、党中央が民営企業に対する統一戦線工作の文書を出したのは初めてだ」という。その要旨を以下に引用しておく。

一、民営経済（民営企業から成る経済）はわが国経済制度の内在要素で、民営経済人士（民営企業家など）はわれわれの身内である。

一、（民営経済人士に対する思想工作で）愛国主義と社会主義の旗を高く掲げる。民営経済人士が「習近平の新時代における中国の特色ある社会主義思想」で、その頭脳を武装するよう教育し導き、政治面で物事がよく分かる人間にする。民営企業内の党組織建設をさらに強化する。
一、民営経済人士が国家を家庭のように見なす感情を持ち、産業報国・実業強国を自らの任務とするよう導く。
一、工作対象は全ての民営企業と民営経済人士。中国本土に投資している香港・マカオ商工界人士も含む。
一、政治的素養があり、大衆の評判が良く、共産党員の条件に合う代表的な民営経済人士は適時、党内に吸収する。
一、民営企業家を（地方の）省レベル工商業連合会（工商連）主席とする試験的工作をしっかり進める。優秀な民営企業家を各レベルの人民代表大会や人民政治協商会議（政協）の常務委員会メンバーに推薦する工作を確実に実行する。
一、国家の重大な戦略への参加を奨励する。民営企業が積極的に（陸海のシルクロード経済圏構想）「一帯一路」建設に参加するよう導く。

ここに出てくる工商連というのは、共産党系の経済団体であり、人民代表大会は議会、政協は政治諮問機関の役割を果たす統一戦線の組織で、いずれも同党の指導下にある。西村氏は、工作対象から台湾人を除外したのに、香港人ビジネスマンは含めたのは、香港の中国化政策に沿った措置ではないかと指摘している。

十月十五日の新華社電によれば、党中央統一戦線工作部の責任者は、この新方針が出た背景について「国際・国内情勢の深刻な変化で生じた新たな任務と新たな要求に対して積極的に対応するためだ。国際的枠組みの深刻な調整と変動の中で中国経済・社会の発展には各種の不確定、不安定要素やリスク、課題が顕著に増えている」との認識を示しているという。この責任者の言う「国際・国内情勢の深刻な変化」とは、新型コロナウイルス感染症の影響に加えて、貿易・投資摩擦や香港国家安全維持法制定を理由に米国など諸外国が対中制裁を発動している状況を指しているそうだ。

翌日には全国民営経済統一戦線工作会議がテレビ会議形式で開かれ、党指導部ナンバー4で党中央統一戦線工作指導小組の組長を務める汪洋政協主席、政協副主席と中華全国工商連主席を兼ねる高雲竜氏らが出席。会議では「各レベルの党委員会は民営経済に対する統一戦線工作を強化せよ」「工商連は民営経済人士を党の周りに団結させよ」という習氏の指示が伝達されたという。「習政権は二〇一八年十一月に習氏が自ら出席する民営企業座談会を開き、二〇一九年十二月には党中央・国務院（内閣）が民営企業のビジネス環境改善に関する詳細な指針を公表した。いまだに国有企業と比べて資金調達などが困難といわれる民営企業を支援する姿勢を示してきた」と西村氏は書いている。

西村氏によると、党中央が今回発表した新方針は、それを踏まえて、民営企業の政治的位置づけを明確化したものだという。

「社会主義体制で政治的にはあくまで傍流である民営企業にとって、その役割を公式文書で強調してもらうことはプラスになる。しかし、民営企業に関する習氏の座談会演説や党中央・国務院の環境改善指針が左派の民営企業不要論を否定したり、市場における公平な競争確保を強調したりして、民営企業家たちに安心感を与えようとしたのに対し、統一戦線工作を主題とする今回の新方針は民営企業の社会主義体制への同化に重点を置いている」のが特徴なのだ。

記事によれば、中国の政治情勢を詳しく報じる香港各紙（非中国系）のうち、星島日報は「イデオロギー面でコントロール厳格化」と指摘。廃刊に追いやられた民主派系のリンゴ日報（蘋果日報）は「一九五〇年代の（企業に対する）社会主義改造の再来だ」と批判した。これらは、毛沢東時代の極左政策に親近感を持つ習氏の考えが民営企業政策に表れたという見方だ、とのこと。「習政権はこのところ、外部環境の悪化に対処するため、『国内大循環』を主体として『国内・国際のダブル循環』の相互促進を図る新たな発展パターン形成と称する戦略を唱えており、活力に富む民営企業の取り込みはその一環という意味もあると思われる」（西村氏）。

外資との合弁企業内に党組織を作ったり、人民武装部を作って愛国主義教育を実施したりしているのも、こうした流れに沿った措置であろう。西村氏の論考で興味深いのは以下の点だ。民営企業の過度な社会主義化は、企業としての活力を低下させ、市場経済化の流れに反するし、とりわけ、「一帯一路」などへの参加を強いられた民営企業は、どんぶり勘定の国家主導プロジェクトに巻き込まれて合理的な経営判断が難しくなる恐れがある、というリスクについての指摘だ。

また、「現状でも中国の民営企業は海外で共産党・政府・軍との特殊な関係を疑われ、一部は制裁の対象になっている。党の民営企業に対する『愛国』『報国』強要はそのような疑念に拍車をかける可能性が大きい」という指摘も頷ける。中国の企業が海外で党や軍との関係を疑われ、制裁対象になるのは十分あり得べき話で、在中国の外資企業（合弁）も、党や軍に取り込まれる危険性が極めて高い。

西村氏は近年、在日中国人の実業家から、「中国国内でビジネスをしている知人たちから『日本に移住するにはどうしたらよいのか』と質問される」という話を聞くことがあるそうだ。これも、市場経済化より市場・企業に対する統制強化を重視する「習路線」への懸念が理由という。

こうした「習路線」について、英国の「フィナンシャルタイムズ（FT）」（二〇二〇年九月三十日付 電子版）は、民営企業は統一戦線工作で重要な役割を担っていると指摘する。戦略的に重要な技術分野の若手起業家に狙いを定め、民営部門から「代表者チーム」を招集し、党員や公式な諮問機関に引き入れるという。民営企業には対価として、より手厚い政府からの支援や競合する国有企業に準ずる待遇を受けられるようにすることを約束した、と報じている。

さらにFTは、共産党には、中国経済の先行きが懸念されたときに「同様の約束をしてきた過去がある」とし、今回は新型コロナウイルスのパンデミック（世界的大流行）に加え、中国にとって重要なハイテク企業の手足を縛ろうという米政府の画策により、中国経済に暗雲が垂れ込めている状況が似ているという。しかし、今までと違うのは、党の民営企業への支持に対し、露骨な見返りを要求したのは、今回が初めてという点だ。

実際、民営企業側には、企業の経営判断に対する共産党の発言権を正式に強める狙いがあるのではないかという懸念が、出始めているのだという。ＦＴによると、民営企業の経営者の一人は、「政府はわれわれを支援するという触れ込みの政策をいくつも並べるが、実際に役に立つものはない」との不満を述べているという。

中国の民間部門は、国有企業と比べて銀行からの融資を受けにくいなど、長年にわたって制度的な差別を受けてきた。中国では、企業内に党委員会を設置することが事実上、義務づけられているが、党委員会はこれまで、民営企業の経営に対する影響力を、ほぼ持たなかった。だが、新たなガイドラインのもとでは、人事権をはじめとする重要な経営判断に口を挟めるようになる。その被害にあったのが、理研ビタミンであることは先に述べた通りだ。

二〇一七年の第十九回共産党大会で習氏は、「東西南北中、党がいっさいを領導する」という、毛沢東の言葉を引用した。英ロンドン大学東洋アフリカ研究学院（ＳＯＡＳ）中国研究所のスティーブ・ツァン所長は「習氏はこの党大会以降、民営企業を含めた全ての中心に党を置くという方針を明確に示している」と指摘し、「習氏は今のところ、それほど強硬に民営企業に介入しようとはしていない。恐らく新型コロナの影響や、対米摩擦の高まりによる新たな経済リスクに危うさを感じ、頃合いを見計らっているのだろう」と言う。習氏の真の狙いが、国有企業が支配する範囲を広げることにあるのは間違いない。

目先の利益に走る財界首脳

中国は新型コロナウイルスの感染拡大後、医薬品や粗悪なマスクを欧州はじめ世界各国にばら撒いて恩を売る「マスク外交」や、恫喝をもためらわない「戦狼外交」を展開し、欧米諸国の反発を招いている。

そんな中国が米国と繰り広げているのは、貿易戦争による景気の後退局面だとか、コロナ禍による経済的損失といった世界経済の景況感レベルの話ではない。陸海空という伝統的な戦闘領域に加え、宇宙やサイバー空間、AI、電磁波といった新たな領域における米中の覇権（ヘゲモニー）争いなのである。

その底流に流れるのは、「自由と民主主義vs全体主義の戦い」（ポンペオ米国務長官）なのだ。欧米諸国が締め出しを図る中国通信機器大手の華為技術（ファーウェイ）に象徴される、次世代通信網（5G）をめぐる戦いも、この延長線上にある。

この流れは民主党のバイデン政権になっても大筋では変わっていない。それは、米国の超党派による意思だからである。トランプ前米政権下の二〇一八年十月にペンス副大統領が行った、中国に対する事実上の宣戦布告ともいえる演説も、超党派の合意の上に成り立っていた。

こうした中で注意すべきは、日系企業による中国への過度な投資である。どんな国が相手でも

左からポンペオ前国務長官、トランプ前大統領、ペンス前副大統領

ビジネス上のリスクはつきものだが、日本の同盟国である米国と鋭く対立する中国での事業展開は、とりわけリスクが高い。そんな事情を知らないわけがなかろうが、今も中国での事業拡大を図る日系企業が後を絶たないのは、どうしたものか。

　日中経済協会と経団連、日本商工会議所は二〇一八年九月、経団連の中西宏明会長や日商の三村明夫会頭など、企業関係者約二四〇人を中国に派遣した。この三団体は翌一九年九月にも訪中し、李克強首相とも会見している。日本側は、習近平国家主席の国賓としての来日を「わが国経済界を挙げて歓迎する」と語っている。世界がコロナ禍に席巻される前の話とはいえ、ずいぶんと呑気《のんき》なものである。

　特に目を引くのが、自動車メーカー各社の動きだ。減産を決める一方、中国市場向けにEV（電気自動車）の生産を発表する新たな動きが出始めた。トヨタ自動車は令和三（二〇二一）年九月十七日、十月実施の減産のため、国内全一四工場で稼働を一時止めると発表した。最大で一一日間、稼働を停止するという。

　東南アジアを中心とした新型コロナウイルスの感染拡大で部品不足が続いており、トヨタは十月、世界で従来の生産計画の四割にあたる、約三三万台（海外一八万台、国内一五万台）の減産を予定している。国内一四工場二八ラインのうち、一四工場二七ラインが一時停止の対象となる。

ただ、日系自動車大手は二〇二〇年、コロナ禍で一時は駐在員や家族を帰国させ、中国工場の稼働を停止したものの、すぐに再開させている。そのかいあって、日系自動車大手四社の中国市場における二〇二〇年十月の新車販売台数は好調だった。産経新聞などによると、トヨタ自動車が前年同期比で三三・三％増となるなど、マツダを除く三社でプラスとなった。この年の十月上旬には、国慶節（建国記念日）の連休があって販売店への来店客が増えており、新型コロナウイルスによる打撃からの回復傾向が続いたと見られる。

トヨタは一七万五六〇〇台で、七カ月連続で前年実績を上回った。高級車ブランド「レクサス」が四四・四％増と好調だ。一～十月の累計でも、前年同期比九・五％増と、コロナ後の回復が進んでいる。トヨタは二〇二一年夏、天津と広東省広州で、ＥＶやプラグインハイブリッド（ＰＨＶ）などの生産拠点とするために、二つの工場の建設を開始した。

ホンダは二〇二一年十月、「中国電動化戦略」を発表、中国市場向けの五種類の新型ＥＶを初公開した。前年の二〇二〇年十月販売は、二二・三％増の一八万六五五台だった。主力モデル「シビック」などの販売が伸びて、四カ月連続のプラスを確保した。ハイブリッド車（ＨＶ）の月間販売台数も過去最高を更新し、二〇二一年に入り、武漢と広州の二カ所で生産ラインを増設、生産能力を二四万台増やしている。

日産自動車は五・〇％増の一四万六〇二八台。乗用車と小型商用車の販売好調が牽引し、二カ月連続のプラスとなった。二〇二一年のうちに、中国での生産能力を約三割増強し、現在の年一四〇万台から、年一八〇万台まで引き上げる。合弁相手が保有する湖北省武漢と江蘇省常州の工場に、日産専用の生産ラインを設けるという。二〇二〇年三月期連結決算は最終利益が約六七〇〇億円の赤字となっており、主要国の中でいち早く需要が回復している中国で、業績改善の糸口をつかみたい考えと見られる。

マツダは、一・〇％減の一万九六八一台で、二カ月ぶりのマイナスだった。

それでも中国市場に目がくらむ日本企業

自動車メーカー以外にも、多くの日系企業が中国の市場を狙っている。

中国・上海で二〇二〇年十一月五日、大型見本市「中国国際輸入博覧会」が開かれた。中国に売り込みたい商品を紹介するため、パナソニックなど日系企業も多数出展した。

「メイド・イン・ジャパン」への信頼はもともと高いところに加え、新型コロナウイルスの流行後は、衛生や健康に関する商品が特に注目されている。パナソニックは、日本市場で培《つちか》った技術を生かした空気清浄機や、センサー技術を活用した非接触型の住宅設備を展示した。

キヤノンはコンピューター断層撮影装置（ＣＴ）など医療機器を前面に打ち出し、日立グループは顔認証などを使い、操作盤に触れずにエレベーターを利用できる取り組みなどをアピールした（産経新聞二〇二〇年十一月七日付）。

明治ホールディングスは七月十六日、中国・広州市に牛乳やヨーグルト、菓子の生産販売拠点を新設すると発表した。中国法人と明治が出資する新会社を設立し、二〇二三年度中の生産開始を目指す。資本金は一二億元（約一八四億円）。商品の供給体制を強化し、最注力地域として中国事業の拡大を図る。

ヤクルト本社も中国向けの化粧品販売に乗り出した。同社は二〇二一年夏、中国アリババ集団の運営する越境電子商取引（ＥＣ）サイトに出店し、日本で訪問販売してきた基礎化粧品など四四種類をそろえた。中国では、アンチエイジング商品を購入する若年層が多く、日本で中高年層向けに展開してきた商品を売り込む。二〇二一年三月までに一億円の売り上げを目指すという。

このようなニュースに接すると、中国は「おいしい市場」にしか見えなくなるが、その実態は疑わしい。中国国内で新型コロナウイルスの感染が収束しているとはいえ、中国共産党当局の景況感はまったく当てにならず、本当のところは分からないからだ。新型コロナウイルスの感染拡大で、原材料や部品調達を中国に頼っていた企業や、国内外で生産停止した工場に部品供給を行う企業では、経営環境が急速に悪化している。

流通大手を中心に、中国での全面的な生産や店舗営業の再開時期が見通せずにいるほか、中国製部品や食材などの供給量減少で、国内工場も操業停止するなどの影響が出ている。在庫や設備に余裕のない中小企業では、サプライチェーンが断たれれば、中国事業での影響は深刻だ。

日中の貿易総額は三〇三九億ドル（二〇一九年）で、日本にとって中国は最大の貿易相手国であり、中国にとって日本は、米国に次ぐ二番目の貿易相手国である。日本の対中直接投資総額は三八・一億ドル（二〇一八年）で、中国にとってはシンガポール、韓国、英国に次いで第四位の投資国となっている。

現地駐在員と家族が人質になる日

企業が利潤を追求するのは当然だが、経済活動だけでは片づけられない問題が横たわっている。現地に派遣する日本人従業員や帯同する家族が、中国に人質にとられる可能性があることだ。外資の国外逃亡が加速して経済的に追い詰められた中国が態度を硬化させ、日系企業への締めつけを強めれば、中国在留約一二万四〇〇〇人の日本人の生命と財産が脅《おびや》かされかねず、帰国もままならなくなれば、事実上の「人質」となる。

日本の中国進出企業は、このことに余りに無頓着であり、無警戒だ。

現在、中国に進出している日系企業は、帝国データバンクによると、約一万三六〇〇社で、中国関連のビジネスに携わる企業は三万社にのぼる。

ただ、過去最多だった二〇一二年の一万四三九四社に比べると七四八社減るなど、中国に進出する日系企業は減少傾向にある。

業種別に見ると、最も多いのは製造業で、五五五九社で全体の四割を占める。次いで、卸売業四五〇五社が三割となっている。進出地域で最も多いのが中国東部の華東地区で、九〇五四社にのぼる。

特に上海市は六三〇〇社と、中国全土で最も多い。一九〇〇社が進出している江蘇省と合わせ、日系企業の多くが、上海経済圏に集まっている。新型コロナウイルスが発生した湖北省の武漢市エリアには、多数の日系自動車産業が進出している。

中国が政情不安になった際、あるいは、中国側が尖閣諸島（沖縄県石垣市）などへの挑発を強め、日中両国間の緊張関係が高まったとき、真っ先に危険が及ぶのが、こうした日系企業と、その家族である。

「愛国無罪」のスローガンのもと、二〇〇五年四月、四川省成都で日系スーパーに対する暴動が発生し、北京や上海で日本に対する大規模なデモの一部が暴徒化した事件を覚えている日本人も多いだろう。また、二〇一二年の中国における反日活動は、野田佳彦政権による尖閣諸島の国有化をきっかけに激化した。暴徒は日系企業の工場や店舗に対して放火や略奪を繰り返した。さらには丹羽宇一郎・駐中国大使の公用車を襲い、車の国旗を強奪したり、邦人を襲撃したりした。

法治国家と言いながら、三権分立を否定し、憲法の上位に共産党を置く今の中国は、法をいかようにも恣意的に運用し、在留外国人を不当に逮捕することで外交カードとする人質外交をも厭わない。想起するのは、十年前に起きた、中国漁船による海上保安庁の巡視船への体当たり事件である。二〇一〇年九月七日、沖縄県石垣市の尖閣諸島周辺海域で中国漁船が海保の巡視船に体当たりし、中国人船長を公務執行妨害容疑で逮捕した一件だ。当時、日本の民主党政権は腰の砕けた対応で法を捻《ね》じ曲げ、那覇地方検察庁に船長を処分保留で釈放させてしまった。

その報復なのだろう。中国は中国国内にいた日本企業フジタの社員四人を「許可なく軍事施設を撮影した」と難癖をつけて身柄を拘束し、レアアースの日本への輸出を止めるという挙に出た。レアアースは希土類元素とも呼ばれ、パソコンのハードディスクなど、先端技術製品の製造に欠かすことができない金属だ。実際には、複数の税関での通関業務を意図的に遅滞させることで、事実上、輸出を止めたのだ。

こうした暴動は、ソーシャルメディア（SNS）を発火点として、燎原の火のごとく中国全土に広がった。そして、それを中国当局が見て見ぬふりをしているのではないかと思われる映像が流れたのを、筆者は見た。暴徒を制御しなければならないはずの警官が、ボーッと突っ立っている光景だ。

北京では、二〇〇四年に開かれたサッカー・アジアカップ決勝戦のあと、在北京日本大使館の公使二人が乗った大使館車両が、中国人サポーターに襲われた。さすがに中国紙もこれを批判したが、襲われた際の映像まで残っているのに、ついに容疑者は割り出されなかった。当局の怠慢か、嫌がらせだろう。ネット上では、この暴漢に対し「愛国者」「英雄」などの言葉があふれた。

もはや、中国にいる日本人は、自分で自分の身を守るしかない。子供の安全は、学校や親などが、みだりに外出させないなど、適切に対応するしかない状況だ。

手元の資料によると、二〇一九年四月現在と見られる在中国の日本人学校の生徒数は三千人弱。上海に日本人学校は三校あるが、ここには一校しかカウントされていないので、他の二校と記載のない別のエリアの学校の児童・生徒を加えれば四千人を超えるだろう。日本国内に比べて、教師、職員は十分に足りているのか。突発的な暴動が起きた際など、子供たちの登下校の安全を学校側がしっかりと確保する責務があるだろう。

恣意的な拘束を続ける中国当局

先ほどのフジタ以外にも、北海道大の教授など、日本人が不当に身柄を拘束された例は枚挙にいとまがない。分かっているだけでも、二〇一五年以降、愛知県の男性や札幌市の男性のほか、日本語学校女性幹部、日本地下探査の男性、伊藤忠商事の男性ら、計十四人が身柄を拘束され、九人が懲役刑を宣告されている。

日本人の人質だけではない。二〇一八年十二月一日、米国の要請により、対イラン経済制裁に違反して金融機関を不正操作した疑いで、華為技術（ファーウェイ）の孟晩舟副会長兼最高財務責任者（ＣＦＯ）がカナダ当局に逮捕され、二〇一九年一月、詐欺罪などで起訴された。

中国最高人民検察院は二〇二〇年六月十九日、孟氏が逮捕された直後の二〇一八年十二月に中国当局に拘束された元外交官と企業家の二人のカナダ人について、「外国のために国家機密を探索した罪」などで起訴したと明らかにした。この二人の身柄拘束は、ファーウェイ副会長の孟晩舟をカナダ当局が逮捕した報復と見られる。

二〇二一年八月十一日には、中国遼寧省丹東市の中級人民法院（地裁）が、国家機密を探った罪などで起訴されたカナダ人企業家マイケル・スパバ氏の公判を開き、懲役十一年、五万元（約八五万円）没収の判決を言い渡した。同地裁は、スパバ氏が違法に中国の機密情報を探り、海外に提供したと認定した。中国は同じ時期に、カナダ外務省を休職中のマイケル・コブリグ氏も拘束。こうした一連の動きは、カナダが中国通信機器大手、ファーウェイの孟晩舟副会長を拘束したことへの報復だと受け止められている。

中国では、麻薬密輸罪で死刑判決を受けた別のカナダ人の控訴が、棄却されたばかりだ。二〇二一年八月四日にはカナダで、先ほどの中国通信機器大手ファーウェイ副会長の孟晩舟被告の審理が再開されている。このタイミングでの相次ぐ判決には、孟被告の裁判に圧力をかける中国当局の意図が隠されていよう。国家が政治的な駆け引きや報復を目的として外国人を拘束するのは、著しい人権侵害であり、人質外交そのものだ。許されることではない。

カナダのバートン駐中国大使はこの時期の判決と孟被告の審理再開について「偶然ではない」との見方を示している。トルドー首相は、「全く受け入れられない」と非難し、ガルノー外相も「完全に恣意的だ。最も強い言葉で非難する」との声明を発表した。自国民の保護は国家の責務であり、カナダ政府が強く反発したのは当然だ。

カナダ人元外交官コブリグ氏もスパバ氏と同時期に拘束されているが、これも中国当局による恣意的な拘束だろう。

中国国内に滞在する外国人を恣意的に拘束し、外交上の圧力や取引材料にするのは、中国の常套手段だ。習近平国家主席は中国共産党による司法の統制を意味する「党の全面的な法治国家の指導」を掲げる。法の上に党が位置する異様な社会では、解釈や運用が、当局のさじ加減ひとつとなる。

トルドー首相

日本も他人ごとではない。二〇一〇年に沖縄・尖閣諸島沖で中国漁船が海上保安庁の巡視船に衝突した事件の際に中国側が日本の中堅ゼネコン、フジタの社員四人の身柄を拘束した件は、先ほど述べた通りだ。カナダは二〇二一年二月、国家間の関係における恣意的な拘束に反対する国際宣言を主導し、日本や欧米諸国など五十八カ国が賛同した。自由と民主主義を掲げる国々は連携して、中国当局による不当な拘束をやめさせ、人々の解放を求める動きを強めなければならない。

このほかにも、二〇一五年三月に米国人女性実業家、一六年一月に人権団体のスウェーデン人、一八年七月に中国大陸との交流関係に携わっていた台湾人、一九年一月にオーストラリア人作家、八月に在香港の英国総領事館の現地職員、九月に派遣会社経営の米国人と米国人学生、九月には米物流大手航空会社のパイロットと、軒並み、容疑事実不詳のまま逮捕されている。

留意したいのは、二〇一四年十一月一日に中国で「反スパイ法」が施行されてから、こうした、日本人を含む在中国の外国人の身柄拘束が相次いでいる点だ。最高刑は死刑である。

この反スパイ法の原型となったのが、二〇一二年に改正された刑事訴訟法第七三条だ。改正の柱は、「指定居所監視居住」という項目だ。公安当局が指定した施設で、裁判所による逮捕令状がなくても、監視や拘束活動が許可される内容だ。

要するに、容疑がなくても当局の恣意的な判断次第で中国人だろうが外国人だろうが、簡単に身柄を拘束できるという、人権無視の反社会的条文なのだ。捕まえてから逮捕容疑を考えるというのだから、でたらめというほかない。

北京駐在の長い筆者の同僚は、中国国内を取材する便宜上、航空機を利用せざるを得ない場合でも、「決して手荷物を預けない」と言っていた。到着した空港で預けた荷物を引き取るまでのあいだに白い粉などを入れられ、「これは何だ?」などとイチャモンをつけられたら最後、覚醒剤所持の現行犯で逮捕され、密室での裁判で死刑宣告されかねないからだという。

身ぐるみはがされる日本企業

恐ろしいのは「人質」ばかりではない。法律の壁もある。

日本貿易振興機構(JETRO)が日系企業を対象に行った海外ビジネス調査によると、中国におけるビジネス上のリスクには、政情、人件費の高騰、法制度、知的財産、代金回収が挙げられている。

こうした中、制裁には、制裁で。そんな中国の思惑が伝わってくるのが、中国が二〇二〇年十二月に施行した輸出管理法だ。安全保障などを理由に禁輸企業リストを作り、特定の企業への輸出を禁じるものである。先述したファーウェイなど、中国企業への禁輸措置を強めている米国への対抗措置だ。

この輸出管理法で中国当局が日系企業を「中国の安全や利益に危害を加える恐れがある」と判断した場合、輸出を不許可にしたり、禁輸リストに載せたりできる。日本企業はそんなリスクを背負いながら、共産党組織を合弁企業内に作られ、人民武装部を作られる。さらに、技術流出の影に脅え、日中関係、米中関係の悪化や台湾有事の際には資産、施設を問答無用で没収される恐れと背中合わせなのだ。

中国経済に詳しい評論家の宮崎正弘氏は自著『中国から日本企業は撤退せよ』（阪急コミュニケーションズ）の中で、「中国特有の官僚システムの非合理、セクト主義に小突き回された揚げ句、軌道に乗った日本企業のテナント料をいきなり三倍にするなど、合法的に無謀な条件を突き付けてゆすられる」ケースもあると語っている。

ひとたび経営が悪化し、中国からの撤退や東南アジア諸国への移転を検討する段になると、企業の前に大きく立ちはだかるのが、中国の法律の壁なのだ。共産党を後ろ盾とした合弁企業や地方政府が、国内法を恣意的に運用して、過剰な補償金をふっかけてくるケースも少なくない。

少し古いが、中国でダメージを受けた企業の中で、表ざたになったケースを紹介したい。二〇一五年十一月に事業撤回したNTTコミュニケーションズ（NTTコム）の例だ。

同社は、中国でのデータセンターの運営計画を立てていた。しかし、当初は許認可が不要だったにもかかわらず、中国政府が突然、免許制に移行すると告知したことで、単独での参入が困難になってしまったのだ。

詳細はこうだ。まず、サーバーを企業に貸し出すデータセンターを上海に建設し、当初は一四年十一月にサービスを開始する予定だった。事業化に先立ち、政府関係者や現地の法律事務所と折衝した結果、開設に伴う特別な事業免許などは不要との回答を得ていた。だが、一五年一月に情報通信産業を所管する中国の省庁が突然、データセンター運営には免許が必要だと通知してきたため、NTTコムが中国当局の意向を確かめたが、この時点で、事業化は困難だと判断した。当時NTTコムは、米エクイニクスや日本のKDDIなどに先駆けて、世界で初めて独自資本で上海にデータセンターを開設する計画だった。

中国の通信行政に詳しい関係者の話によると、電話やインターネットなどの回線を使う通信事業は以前から免許制だったが、データセンターの運営に関する免許は存在していなかったという。「中国では日によって規制が変わったり、役所の窓口ごとで解釈が変わったりすることもある」（産経新聞二〇一五年十一月六日付）

注目したいのは、中国当局が突然免許制を通告してきた時期だ。日本では民主党の野田佳彦政権が尖閣諸島の国有化を決め、中国全土で愛国無罪を旗印に反日デモが吹き荒れるなど、対日感情が悪化し、それが尾を引いていた時期なのである。ゆえに、中国当局による嫌がらせだった可能性が捨てきれないのである。現在、尖閣諸島に対して中国は、年々挑発の度を強めている。今後、さらに緊張が高まり、中国当局に扇動された反日デモや暴動が、今まで以上に吹き荒れる可能性もある。中国にいる日本人従業員や家族の安全を、企業側は本当に守れるのか。

中国から撤退する企業・しない企業

中国からの撤退を決めた企業は、中国情報サイト「21世紀中国総研」によると、サントリーやカルビーなど一〇〇社を超える（平成二十七年一月〜二十九年八月）。中でも大規模な撤退をしたのが、中国に六十あまりの子会社を抱えていた東芝だ。

白物家電の開発、製造、販売を行う東芝ライフスタイルは、株式の八〇・一％を中国の美的集団（マイディアグループ）に譲渡し、東芝ライフスタイルの社名を維持したまま製造、販売を継続し、美的は白物家電の東芝ブランドを四十年間使用する契約で、中国の美的集団グループ企業となった。まるまる中国を儲けさせた形である。

神戸製鋼所も、合弁相手に一任していた債権回収の焦げつきが発覚して、合弁を解消した。任天堂は、家庭用ゲーム機「ニンテンドースイッチ」の生産ラインの一部を中国からベトナムへ移管すると発表した。米国による対中制裁関税にゲーム機などが含まれるためだ。制裁の発動はいったん回避されたが、米中両国の通商関係は不安定なままで、生産体制を見直してリスクを抑える狙いという。

何しろ大手だけで一〇〇社以上が、事業縮小や撤退、移転しているのだから、失敗の事例は枚挙にいとまがない。台湾や韓国企業の場合は、解散や清算など、中国国内法に則《のっと》った正式の手続きをとらずに、ある日突然、経営者が帰国してしまう「夜逃げ」型が多いとされる。近年の特徴は、日本企業にも「夜逃げ」型が増えていることだ（『国際弁護士　村尾龍雄の『今が分かる!!　アジア情報』』のサイトより）。

二〇一四年には、中国・華東地区の日系企業が、五十人ほどの従業員の二カ月分の給料が未払いのまま引き払い、村の開発区から、弁護士費用は払うから何とか助けてくれという相談の連絡が来たことがあったという。

先述の宮崎正弘氏は同著で、こう述べている。

「日本企業は、悪意、裏切り、猜疑心のかたまりの人々が鎬《しのぎ》を削る戦場へ行く場合、それなりの打算、最悪のシナリオに遭ったときのマニュアルを持たないといけない。そういう熱気をはらんだ準備も心構えもなく、単に『バスに乗り遅れるな』と安易に中国へ進出すること自体がそもそも無謀である」

中国・武漢から拡散した新型コロナウイルス禍を機に、日本政府は生産拠点の国内回帰や多元化を図るのを目的に、「脱中国」を促すための補助金事業に乗り出した。

経済産業省は二〇二〇年七月十七日、令和二年度第一次補正予算に「サプライチェーン対策のための国内投資促進事業費補助金」を計上し、五十七件の事業を採択した。政府は新型コロナウイルスによる緊急経済対策の一環として、計二四三五億円を二年度予算に盛り込んだ。選ばれたのは、シャープなどの大企業のほかは大半が中小企業で、不織布マスクの製造など、医薬品や医療機器などの衛生用品関連が目立つ。

こうした日本側の動きについて、中国共産党の機関紙「人民日報」のニュースサイト「人民網日本語版」（二〇二〇年九月十八日付 電子版）は、「日系企業1700社が『中国撤退待ち』の真相は？」と題したレポートで、日本で進む「脱中国」政策を次のように批判している（要約）。

「経産省に補助金申請した日系企業一七〇〇社は在中国日系企業約三万五千社の五％にも満たない。対中投資は減少どころか増加しており、感染症（新型コロナウイルス）の中でも、ホンダとトヨタの中国販売量は過去最高を更新し続けている。日本政府が中国とデカップリング（切り離し）するという軽率な選択をすることはないだろう」

党機関紙らしい物言いだ。上から目線で日本政府に対し、「日系企業には儲けさせてやっているんだから、バカな判断したら、彼らがどうなっても知らないよ」と聞こえる。

政情不安などのチャイナリスクは、強まることはあっても、弱まることはないのだ。日本企業には「撤退」する勇気も求められる。

経団連という「朝貢使節団」

このように、財界の「媚中ぶり」は重症だ。日本経済団体連合会（経団連）、日本商工会議所、日中経済協会のことである。この三団体が雁首《がんくび》をそろえて二〇一九年九月に訪中し、李克強首相にうやうやしく礼をし、二〇二〇年春に予定されていた習近平国家主席の来日を「わが国経済界を挙げて歓迎する」と媚びまくってきたことは、すでに述べた。

財界が、首相官邸に中国を刺激しないようブレーキをかけまくっていたという話は、知る人ぞ知る。彼らは二〇一八年十月にも、安倍晋三首相と二〇〇人規模で訪中している。

ペンス米副大統領（当時）から事前の演説で、日本の政財界が中国に深入りすることに対し、きつくクギを指されていたにもかかわらず、「三跪九叩頭の礼」よろしく、臣下であるかのように振舞った。当時、民間企業の日本人ら数人は、いまだに不透明で不可解なまま身柄を拘束されたままだった。これについて、きちんと注文を付けたのか。ビジネスで優遇してもらいたいがために、媚びへつらって揉み手してきただけではないのか。

このときの三団体訪中の様子を、中国出身の楊海英・静岡大教授は「会談の冒頭、深々と頭を下げる日本の財界人と無表情の李首相の会見の様子は、皇帝に謁見する前近代的な朝貢使節のようだった」と語っている（ニューズウィーク日本版）。

このような情けない日本の財界に比べ、米政府は本気だ。日本も、これまで中国に依存しまくってきたサプライチェーン（供給網）を抜本的に見直さねば、日本企業までもが制裁の対象になりかねない。中国・武漢発の新型コロナウイルスは、政官財界に巣くう親中派をあぶり出し、その媚中ぶりを再認識させる、思わぬ効果をもたらしたわけである。

脱・中国依存への好機到来

新型コロナウイルスは、自動車製造から、マスクや消毒液といった日常の衛生用品に至るまで、日本企業の中国依存の深さと危険性を余すところなく浮き彫りにした。中国によって、計画的な生産や輸出を停止されれば、日本経済は窒息してしまう。日本の輸入全体に占める中国の割合は、二〇〇〇年の一四・五％から一九年には二三・五％に高まっている。中間財の輸入に占める中国の割合を見ても、米国の一六・三％よりも多く、先進国の中では、日本が二一・一％と、最も高いのである（ロイター通信五月一日付）。まずは、この構造の是正から取り組まねばなるまい。

とはいえ、中小企業からトヨタといった大企業まで、中国に進出していった日本の企業は、数知れない。巨大な市場で儲け話に乗るのはいいが、進出するときよりも撤退する際に、チャイナリスクと呼ばれる落とし穴があることは、意外と知られていない。

雇用を中心に地域経済にとってダメージとなる日本企業の撤退は、中国当局にとっても、すんなり認めるわけにはいかないのだ。やれ労務だ、税務だと難癖をつけられて莫大な金を請求され、結局、撤退できずにいるというケースは少なくない。言葉の壁や、中国国内法への知識不足などのハードルも高い。中国側との合弁会社となれば、なおさら話は、ややこしくなる。そこで、企業単体ではなく、会計や税制などの専門家チームによる「撤退プロジェクト」を立ち上げる必要が出てくる。多少の金はかかっても、急がば回れ。追徴課税されることを考えれば安あがりだ。

それだけではない。チャイナリスクは即、米国による日本企業への制裁リスクを意味し始めている。米国は二〇一八年夏、国防権限法で輸出管理改革法（ＥＣＲＡ）を成立させた。ＥＣＲＡは、主に中国に対して米国の兵器転用技術や先端技術を輸出できなくする法律である。

米国の本気度が伺えるのは、バイオテクノロジーや人工知能など、規制の対象としたのが、中国の国家発展のための開発目標「中国製造２０２５」に指定されている分野と、ほぼ同じであるという点だ。これ以上、中国に先端技術を渡さない――という、米議会の強い意思の表れである。わが国も他人ごとではない。こうした製品の中国への再輸出や移転が原則禁止となる以上、中国企業との共同開発や産学協同の技術開発のあり方を見直していかなければ、ＥＣＲＡ違反による制裁対象となる可能性が否定できないのだ。サプライチェーンの見直しが急務だと述べたのは、こういう理由もあるからだ。

わが国からの頭脳流出だけではなく、先述したＥＣＲＡの観点からも注意が必要となったわけだ。日本には長年大切にし、代々培ってきたモノづくりの技術と伝統、オリジナリティがある。

中国IT企業と提携して自動運転化というAI化を進める自動車製造業から、ハイテク産業、アパレルまで、幅広い業種が日本に回帰し、中国からの引き揚げを考える時期に来てはいまいか。

欧米各国と足並みをそろえて、わが国産業界もこうした発想の転換に取り組めば、中国の不公平で不公正な貿易慣行を是正することにもつながるだろう。チャイナリスクに脅えるより、勇気をもって撤退すべきことを、中国・武漢発のコロナウイルスが教えてくれたのだ。

第七章　学会の背徳

留学生審査を厳格化する動き

中国人民解放軍の兵器開発とのつながりが指摘される同国の大学との学術協定先や、外国人留学生が多い国内の国公私立大を対象にした共同通信の調査で、回答した五十六校のうち三十一校が、先端技術を研究する留学生の出身組織に関する身元調査の厳格化をすでに実施、または検討していることが、令和三（二〇二一）年九月二十三日の時点で判明した。

共同通信は、民間技術を軍事応用する「軍民融合」を掲げる中国を念頭に、軍事転用可能な先端技術が留学生を通じて流出する懸念が指摘されていて、日本政府が管理強化を進める中、大学側も対応を迫られた格好だと指摘している。ただ、規制技術を持ち出させないための誓約書署名など、帰国時の確認作業を実施、検討するとしたのは四割の二十四校であり、外国の資金支援の有無を確認している大学も少なく、技術流出のリスクに対策が追いついていない現状も浮き彫りになった。

政府は令和三（二〇二一）年六月、米中対立の激化を背景に、先端技術の輸出管理の強化策を公表した。外国政府の研究資金を受けるなど、特定国の影響を受けた留学生らに大学が技術を提供する場合、経済産業相の許可制とする方針を示したのだ。

調査は「国防七子」と呼ばれる軍事関連技術研究を行う中国の七大学と交流協定を持つ大学や、中国語教育機関「孔子学院」を設置している大学に、前年五月時点の留学生数の上位三十校を加えた計六十七校を対象に実施して、そのうち五十六校が回答している。各大学の回答内容は原則非公表という条件で実施された。従来は留学生の最終学歴だけを申告させていた大学も多かったが、過去の学歴、職歴を含む身元調査を強化、または強化を検討するとしたのは、過半数の三十一校。軍事関連組織への就職希望を調べるという大学は十校あった。外国機関からの資金支援の内容確認は十四校だった。

中国の人材招致プロジェクト「千人計画」に参加する研究者を想定し、政府は日本人研究者による海外共同研究の把握も促している。「千人計画」とは、他国の研究者をリクルートし、彼らの持つ知的財産を手っとり早く盗む「頭脳狩り」のことである。先の調査では、共同研究に関し、詳細な申告を制度化していたのは、三割未満の十六校にとどまった。中国の政治宣伝に使われているとして米国が監視を強化した「孔子学院」は、国内で十四校が設置。そのうち一校が、運営体制の見直しを検討すると答えた。令和二年五月時点の留学生数は約二十八万人。国籍別では、中国が最多で、全体の四割超を占める。

日本の孔子学院、大半が継続の意向

中国政府が支援し、世界各地の大学に置く「孔子学院」。欧米では、中国による世論操作や技術窃取に利用されるとして規制の対象となり、閉鎖の動きが広がっている。日本政府も運営体制などに関する情報公開を促す方針だが、提携先の中国の大学から安定的に留学生を受け入れられるという利点もあり、日本では大半の大学が継続させる意向だ。

孔子学院のホームページなどによると、孔子学院とは、中国政府が中国語と中国文化の普及を目的として二〇〇四年から世界各地の大学などに設置を進めてきた非営利教育機構との触れ込みである。

孔子学院は、世界一五四の国や地域に五四一カ所あり（二〇二〇年十二月三十一日時点）、日本国内には早稲田や立命館など十四大学のほか、早大高等学院などに八つの孔子課堂・学堂が設置された。十四の大学とは、早稲田、立命館、立命館アジア太平洋、山梨学院、桜美林、北陸、愛知、札幌、岡山商科、大阪産業、福山、関西外語、兵庫医科、武蔵野の各大学だ。

授業内容は主に、初級から上級までの中国語講座のほか、太極拳などの文化講座、中国訪問、中国語スピーチコンテスト、スポーツ交流イベントなどが謳われている。

非営利教育機関を装う孔子学院だが、実態は、対外宣伝工作組織、中国共産党中央統一戦線工作部（統戦部）のトップ、劉延東元副首相が総責任者を務めていたこともある工作機関の傘下にある。統戦部は、在外華人や留学生の思想指導、情報収集に当たっているから、各国政府が警戒するのは当然であろう。

孔子学院も発足当初は、中国教育部傘下の国家漢語国際推広領導小組弁公室（漢弁）が管轄し、海外における中国語教育、中国の言語・文化の理解促進、教育文化交流などの名目で、海外の大学などの教育機関に設置された。二〇二〇年六月、運営主体を漢弁から、北京大学など二十七の大学・企業などで作る国際中文教育基金会に移している。

運営主体が変わった理由の詳細は明らかではないが、香港系メディアなどによると、中国政府は漢弁を廃止して経営主体を移行するとともに、孔子学院の名称も「教育部中国語・外国語交流センター」に改称する動きが出ているという。あくまで推測に過ぎないが、欧米諸国で孔子学院への警戒感が高まっている現状を受け、名称変更により、対外プロパガンダ機関やスパイ工作機関としての批判をかわす狙いがあると見られる。

中国の李長春・中央政治局常務委員（当時）は二〇〇九年、「孔子学院は中国の海外におけるプロパガンダ組織の重要な部分」と発言したとされる。中国の国営メディア「新華社通信」の魯煒副社長は翌二〇一〇年、ギリシャに孔子学院が設立された際に、こう語っている。

「国の要求に基づいて、全世界のあらゆる地域の正しい情報をリアルタイムで収集するのだ。タイムリーに、かつ完璧に収集できれば、大きなコミュニケーション能力に変わる。これは影響力を持ったソフトパワーである」

浸透の仕方も実に巧妙だ。中国の通信機器大手「華為技術（ファーウェイ）」や「中興通訊（ZTE）」とも、十年以上にわたって連携し、海外の大学に提携を持ちかける。中でもZTEは、長年にわたって孔子学院のスポンサーになっているという。

米ネットメディア、デイリービーストによると、ZTEは孔子学院で使用されている遠隔操作教育ツールなどを無償提供し、交換留学イベントを共同開催してきた。二〇〇五年にフランスのポワティエ大学で孔子学院を共同設立した際にも、ZTEは同様の機器を提供している。ギリシャに設立したのも、同国が財政破綻にあえいでおり、そこに目を付けたものと思われる。中国政府の出先機関である在外公館が、競うようにして孔子学院の設立に傾注したことは、その後、世界中に雨後の竹の子のように増えていったことからも容易に想像がつく。

ギリシャに孔子学院が設立された二〇一〇年といえば、中国政府が孔子学院を世界各地に設立し始めて数年後のことだ。時あたかも、低所得層向け住宅ローンのサブプライムローンの破綻に端を発するリーマンショックで金融危機が訪れたのが二〇〇八年の秋だった。各大学が資金繰りに窮していたところに「資金提供するから孔子学院を設置しないか」という甘言で近づいたであろうことは、想像に難くない。実際、ギリシャに設立した際は、当時の温家宝首相とギリシャのゲオルギオス・パパンドレウ首相が開校式にそろって出席したほどだ。財政難にあえぐ国を籠絡する手段として、孔子学院が利用されていたわけである。中国の巨大経済圏構想「一帯一路」が、こうした財政難の国や途上国を債務漬けにして、重要港湾やインフラ設備を借金のカタに取り上げてきたが、まさにこうした動きと軌を一にしている。

先ほどの共同通信の調査に答えた十二校のうち一校が、「孔子学院の看板なしでニーズに応えることも検討する」と、体制見直しの可能性を示唆したが、他の十一校は「文化交流の範囲内」などとして存続方針を示した。

米国ではトランプ前政権が「中国のプロパガンダに使われている」として、孔子学院を大使館と同じ外交使節団に認定。二〇二一年三月には米上院で孔子学院の管理を強化する法案が可決したが、これは、大学側の管理が不十分な場合は補助金を減らす内容となっている。

オーストラリアでも孔子学院などを念頭に、大学や自治体が外国政府と結んだ協定について国益に反すると国が判断すれば、協定を破棄できるという法律が制定された。

孔子学院を設置した大学への資金協力を通じて、中国が自国に不都合な研究を妨害しているとの指摘が、海外ではある。先の調査でも運営の資金源について聞いたところ七校が、中国側の負担で中国から講師らが派遣されていると回答。中には、日本側が福利厚生費などを負担している大学もあった。立命館大は「中国政府や外国機関から指示、指導を受けたことはない」としている。

三重大学の狩野幹人《かのうみきひと》准教授（知的財産管理）は共同通信の取材に対し、「国際情勢を考えれば、留学生らの管理強化に関する政府の要請は妥当だ。しかし、機微技術の把握はできても、留学生の審査は経歴書頼みで、大学だけでは難しいのが実態だ。国による審査強化も必要ではないか。国際共同研究や留学生の受け入れ推進を国から求められている一方で、輸出管理の厳格化を求められることに違和感を抱いている研究者も多く、現場は混乱している。ただ、自由な研究も法令を万全に順守した上にあるもので、ルールを守りつつ国際化に取り組むことが必要になった。研究の自由は無限ではなくなったと研究者も認識すべきだ」と話している。

この共同通信のアンケートに回答した五十六校を、記録のため記載しておく。

《愛知大、桜美林大、大阪大、岡山大、岡山商科大、香川大、関西大、関西外国語大、北見工業大、九州大、京都大、熊本大、慶応大、工学院大、高知大、高知工科大、神戸芸術工科大、国際教養大、佐賀大、札幌大、芝浦工業大、上智大、創価大、大東文化大、拓殖大、千葉大、中央大、筑波大、帝京大、電気通信大、東京大、東京工業大、東京国際大、東京理科大、同志社大、東北大、東洋大、徳島大、名古屋商科大、新潟大、日本大、兵庫医科大、広島大、福岡工業大、福山大、法政大、北陸大、北海道大、三重大、武蔵野大、明治大、山形大、山梨学院大、立命館大、立命館アジア太平洋大、早稲田大》

日本では、孔子学院設置の際にも国の認可は不要で、実態が把握しづらい面がある。しかし、文化交流事業は中国以外の国でも実施しているだけに「孔子学院だけを規制するのは難しい」（文部科学省）のが実態で、日本政府は慎重に対処法を探る構えだ。

さて、こんな惨状の中、日本国内で野放し状態となっている孔子学院について、国会で政府側の姿勢を正し、前向きな答弁を引き出したのが、自民党の有村治子参院議員だ。刑事事件の容疑者として捜査当局に逮捕されても説明責任を果たさずに議席にしがみついたりと、何をやっているのか分からない国会議員が多い中、確実に国益を守るために、この国を前に動かしている。

令和三（二〇二一）年五月十三日、参議院文教科学委員会で有村氏は、孔子学院は非政府組織の形をとっているが、実態は中国共産党を中心とした国家プロジェクトであると指摘し、「中国国内の大学と受け入れ国の大学を提携させて、中国から教員や教材を各国に派遣して世界的な規模で影響力を拡大してきた」とジャブを放つ。

孔子学院をめぐる米国内での動きを念頭に、質問の矛先は、所管と見られる文科省だけではなく、外務省にも及んだ。答弁に立った外務省の有馬裕《ゆたか》北米局参事官は、先述した米上院国土安保・政府問題委員会の報告書を紹介する形で、「孔子学院の教職員は中国の国益を擁護するよう誓約している。一部の学校との合意では契約内容を非公開とする条項が付されている」と述べた。

外務省が米国内の動きをフォローしていることが分かったのは、ささやかな救いだが、日本政府として「だから孔子学院を何とかする」という動きにつながっていかないところが、何とも歯がゆい。有村氏が、「近年の中国外交、中国共産党の対外教育工作を見ていると、善意の国際交流というだけでは説明のつかない国家的動機があり、中国の政治的喧伝が各国の教育行政と深刻な摩擦を起こしている以上、日本の教育行政としても、この問題から目をそらすわけにはいかない」とただしたのは、まさに正論である。

萩生田光一《はぎうだこういち》文科相（当時）は答弁で「同盟国である米国、自由や民主主義、法の支配といった共通の価値観を持つ欧州諸国からも廃止や情報公開を求める声が高まっている。文科省として関係省庁と緊密に連携して動向を注視する」と明言した。また、「大学の主体的な研究活動が妨げられることがないよう、孔子学院を設置している大学に対し、組織運営や教育研究内容等の透明性を高めるべく情報公開を促したい」と述べた。

閣僚が国会答弁で初めて孔子学院に関心を示したことは、それが質問されたからではあっても、半歩前進だ。だが、国会のある永田町や、官庁街である霞が関の〝文学〟では、「注視する」とは「何もしない」と同義である。それは、「前向きに検討する」という答弁が「何もしない」という意味で、長く、このエリアで流通していたのと同じである。

大事なのは、米国務省が孔子学院を「外交使節団」に認定した際、詳細な報告を義務づけたように、例えば、中国側からどのくらいの資金が孔子学院に拠出されているのか、どんな人物が中国本土から教師、スタッフとして送り込まれているのか、などについて、定期的な報告を義務づけていくことであろう。

大学の自治は大切だ。だが、相手は中国共産党の独裁国家である。その出先機関でプロパガンダ機関として機能している孔子学院で、天安門事件や新疆ウイグル自治区におけるジェノサイド、香港、チベットでの人権弾圧、台湾の問題などが、どう扱われているのか、政府が把握しておくのは当然だろう。

中国の圧力に屈さずに『サイレント・インベージョン』（日本語版は『目に見えぬ侵略』飛鳥新社）という著書を出したチャールズ・スタート大（豪州・シドニー）のクライブ・ハミルトン教授は、電子メールによる筆者の取材に、こう語ってくれた。

「北京政府は、日本を含む世界の有名大学を対象に、自分たちへの賛同者や代弁者を数多く育て、中国人科学者を他国に送り込んできた。中には軍事研究に携わる研究者もいる」

「日本政府は、日本国内で何が起きているのかを大学側に気づいてもらうよう、対策を講じるべきだ。孔子学院を含めて、中国共産党の影響力に抵抗するよう、大学側に圧力をかける必要がある」

どデカい孔子像が大隈庭園に鎮座している早稲田大学の場合は、世界初の「研究型」孔子学院として設立されており、日中両国間の比較研究や共同研究が主な事業内容という。

二年前に筆者が文書で取材を申し入れたときは、なしのつぶてで早大から回答は来なかった。ここではウイグルや香港の問題をどう扱っているのか。それらを避けた純粋な学術研究など存在すると考えているのか。今度は、ぜひとも見解をお聞かせ願いたい。

ハンガリーの首都ブタペストで二〇二一年六月、中国の復旦大学のキャンパス建設計画に反対する一万人規模のデモ行進が行われたが、大学ならともかく、孔子学院くらいなら問題ないだろうと考えるのは間違いだ。規模の大小はあるものの、共に中国共産党の別動隊には違いない。日本も、ブタペスト市民の危機感を見習うべきである。

中国の国家プロジェクト「千人計画」

中国は「千人計画」という国家プロジェクトで、海外頭脳のヘッドハンティングを行っている。北京理工大学など、日本人研究者も大勢参加している。国防七大学と呼ばれる大学だ。人民解放軍との連携が義務づけられている研究機関であり、ここでは、ナノテクノロジーという極小の世界におけるロボット開発などが行われ、人民解放軍の武器として利用されていく恐れがある。これが何を意味するかというと、尖閣諸島の奪取を狙い、日本への浸透工作を図る中国・習近平政権が、日本人研究者の開発した最先端の武器で、日本人自身を殺傷しかねないという懸念である。

読売新聞は令和三（二〇二一）年一月元旦付の朝刊一面トップで、これら千人計画に参加した日本人研究者は四十四人いると報じた。週刊新潮も前年、二度にわたって千人計画について報じている。

研究者の中には、「二ケタ違う」と言われる莫大な研究費のほか、生活費、通訳、助手、運転手などをあてがわれるケースもあるという。大学を定年退官したり、教授職につけずに不満を抱いていたりする研究者が高額な給料と研究施設を提供されれば、中国に雇われることなど意に介さず、フラフラと海をわたって喜んで行くだろう。本人は純粋な研究のつもりだろうが、「軍民融合」を掲げる中国で、それはめぐりめぐって、日本人を敵に回すことになりかねない、その事実にまで思いは至らないようだ。千人計画で中国に渡った研究者らのリストを眺め、その研究対象がロボット工学だったりするのを見ると、同じ日本人として残念でならない。千人計画については、拙著『日本が消える日』に詳しく書いているので、ぜひ、ご覧いただきたい。

自民党衆院議員の甘利明《あまりあきら》氏はこの千人計画について、自身のブログで「他国の研究者を高額な年俸（報道によれば生活費と併せ年収八千万円）で招聘し、研究者の経験知識を含めた研究成果を全て吐き出させるプランで、その外国人研究者の本国のラボ（研究室）までそっくり再現させている。研究者には千人計画への参加を厳秘にする事を条件付けている」と指摘する。

さらに甘利氏は「軍民融合を掲げる中国における民間学者の研究は人民解放軍の軍事研究と一体だ。軍事研究に与しないという学術会議の方針は一国二制度なのか」などとも述べている（甘利明の国会リポート第四一〇号、二〇二〇年八月）。

一方、加藤勝信官房長官（当時）は同じく二〇二〇年十月十二日の会見で「学術会議が、千人計画を支援する学術交流事業を行っているとは承知していない」と述べている。

あらためて説明すると、千人計画とは、ノーベル賞受賞者を含む世界トップレベルの研究者を千人規模で集め、破格の待遇で中国に招聘するという国家プロジェクトだ。言うなれば、最先端技術を中心とした知的財産を、米国など諸外国から手っ取り早く手に入れる計画だ。米捜査当局（FBI）は二〇二〇年一月二十八日、千人計画への参加をめぐって米政府に虚偽の報告をしたとして、ナノテクノロジーの世界的な権威として知られるハーバード大学の化学・化学生物学部の学部長、チャールズ・リーバー教授を逮捕した。この二カ月前の二〇一九年十一月には、米連邦議会が「中国の千人計画は脅威である」との報告書を公表している。連邦上院議会の国土安全保障小委員会（共和党のロブ・ポートマン委員長、オハイオ州選出）が超党派でまとめたものだ。

報告書は「中国の国外で研究を行っている研究者らを中国政府が募集する人材募集プログラムにより、米政府の研究資金と民間部門の技術が中国の軍事力と経済力を強化するために使われており、その対策は遅れている」と指摘した。ポートマン上院議員によると、契約書は千人計画に参加する科学者に対し、中国のために働くこと、契約を秘密にし、ポスドク（博士研究員）を募集し、スポンサーになる中国の研究機関にすべての知的財産権を譲り渡すことを求めているという。

学術会議の任命拒否問題

日本学術会議が令和三（二〇二一）年四月に総会を開き、前年の秋に菅義偉首相（当時）が学術会議推薦の候補のうち、会員に任命することを見送った六人について、即時任命を要求する声明を出した。また、政府の要請で検討してきた組織改革をめぐっては、首相所轄の「特別の機関」である現行形態のままが望ましいとする報告書をまとめた。いずれも井上信治科学技術政策担当相（当時）に提出した。こういうのを厚顔無恥という。自己改革するつもりなど毛頭ないようだ。

これに先立ち、自民党のプロジェクトチームは、学術会議を国の機関ではなく、独立した法人格を持つ組織へ改組するよう提言している。

学術会議は法律で設置され、税金で運営されている。会員は特別職国家公務員だ。国政選挙や国会の首相指名選挙を経て就任し、学術会議を所管する首相が任命権を行使するのは当然である。にもかかわらず、六人の推薦を見送ったことについて、「学問の自由の侵害」だとか「人事への不当な介入」だと政府を批判し、正当性をアピールして既得権益を守るつもりが、逆に行政改革の対象となり、自らの首を絞める展開となっている。ヤブ蛇とはこのことを言う。

その意味では、この問題を最初に報じた日本共産党機関紙「しんぶん赤旗」はGood Job（GJ《グッジョブ》）だ。もちろん、皮肉である。日本共産党こそ、学術会議を擁護してやまぬ黒幕だからである。中国に媚びる自民党も自民党なら、中国と技術協定を結びながら、日本国内では軍事研究を否定する学術会議を擁護する日本共産党の二重基準（ダブルスタンダード）も見苦しい。

ウイグルでの人権弾圧に関しては、菅政権の対中姿勢を「中国当局に物言わぬ卑屈さを改めよ」（しんぶん赤旗二〇二一年一月二十日付 電子版）とキレの良い批判を展開しているのだが、軍民融合を掲げ、すべての革新技術の軍事転用を図る中国との協力を進める学術会議には頬かむりをしているからだ。日本学術会議が中国科学技術協会と技術協力を目的とした覚書を締結しているのは、先に指摘した通りだ。

朝日新聞や毎日新聞、立憲民主党など学術会議の肩を持つ面々も、自分たちが騒げば騒ぐほど学術会議の実態が白日のもとに晒《さら》され、存続の危機に追い込まれるということには気づかぬらしい。この問題の核心は、国民の生命と安全に関わる安全保障の問題につながりかねない点にあることを、政府・与党は満天下に示すべきだ。それがないのが物足りない。立憲民主党の枝野幸男代表が、令和三年十月末の衆院選で、政権発足後に初閣議で決定する七項目の一つに、六人の任命を盛り込んだのは、「立憲共産党」と揶揄《やゆ》されただけのことはある。

過去に出された、軍事技術への協力拒否を謳った声明の作成過程では、自衛隊が憲法違反であるという浮世離れした議論が日本学術会議の中でまかり通っていた。欧米諸国のような先進民主主義国でも、防衛当局と産業界が協力して先端技術を開発するのは当たり前のことだ。学術会議は、軍事研究を行わないとする一方で、海外から集めた先端技術の軍事利用を図る中国から多数の科学者を受け入れている事実には、目を伏せたままだ。当時の菅政権が行革対象に挙げたのは当然である。

世論の中には、六人の任命を見送った理由を語るべきとの批判があった。だが、人事はどの組織においてもデリケートな案件だ。学術会議が推薦した一〇五人のうち六人を菅義偉首相が任命しなかった理由について、詳細を語る必要はない。語ることによって、任命されなかった候補らの名誉が傷つけられても良いというなら別だが。ただ政府も、従来の形式的な任命からなぜ、このタイミングで方向転換したのか、その理由については、もっと語ってもよかったのではないかと今でも思っている。国内外の環境変化についてどんな認識を持ち、いかなる理由で一律的だった従来の任命方法を変えたのか、という点である。

安保法「反対」論者も任命されている矛盾

批判の中心は、任命されなかった六人が集団的自衛権の限定的行使を可能にする安全保障関連法案や、重大な機密を漏らした公務員らへの罰則を強化する特定秘密保護法案に反対していたという点にある。菅首相は任命しなかった理由を明らかにしていないが、ここで留意したいのは、実は安保法反対派にも、任命されている人がいるという事実である。

十月に学術会議の新会員に任命された九十九人のうち、少なくとも十人が安全保障関連法案に反対していたことが、産経新聞の調べで判明している（二〇二〇年十月八日付 電子版）。一部の野党は、安保関連法案など政府提出法案への反対が理由ではないかと批判しているが、その根拠は必ずしも当たらないことが、この事実からはっきりした。

大事なことは、学術会議が根本的な部分で、どれだけ日本国民に背を向けているのか、政府、自民党が本当のことを明らかにすることだ。そうすれば、国民の多くはきっと理解してくれるはずだ。例えば、自国の防衛研究への協力を忌避する一方で、学術研究の軍事転用を図る中国科学技術協会とは協力促進を目的とした覚書を交わしている。この二重基準について学術会議は国民にどう説明するのか。

中国との協力関係によって他国の知的財産を奪い、軍事研究に結びつけることを狙う中国の頭脳狩り「千人計画」への日本人研究者の参加に、結果的にお墨付きを与えることになっていないか。自民党幹部の中には、学術会議と千人計画の関係に警鐘を鳴らす向きもある。今後、新政権の取り組むべき優先課題の一つであろう。

政府を批判する側には、「選べない任命」を強調する見解もある。内閣総理大臣を任命するのは天皇陛下だが、選ぶのは国会であって、拒否する権利はないという理屈だ。裁判官は内閣が任命するが、選ぶのは最高裁判所であって、内閣に拒否する権限はないという見方もある。

ただ、国会議員は選挙の洗礼を受けているし、最高裁判所では司法試験や国家公務員試験といった国家資格を得た人物らが選んでいる。国家資格はともかく、学術会議は、国民の審判を仰いだことがあるのか。選挙で選ばれたわけでもなく、どんな資格があって国民になり代わり、身内で都合のよい推薦を繰り返してきたのか。その説明は聞いたことがない。

安っぽい「学問の自由」

学術会議の姿勢も問題だ。学術会議法で首相の任命権が規定されているのに、裁量権はなく、学術会議が推薦した候補は全員推薦すべきだという言い分こそ、傲慢である。

任命されなかった一人は、テレビ番組に出演し、「任命に手を出すと政権が倒れる」などと語っていた。野党に菅政権を倒してもらい、よもや再び学術会議に推薦してもらって会員に任命してほしいとは思っていないだろうが、勘違いも甚だしい。

実際に菅義偉首相は自民党総裁選への立候補を断念したが、もちろんこれが理由ではない。むしろ、学術会議の闇に大きな一石を投じたのは、実績の一つと言える。

学術会議は、「学者の国会」とされているが、聞いてあきれるとはこのことだ。むしろ、政府内に巣くう伏魔殿と化していないか。それが言い過ぎというのなら、「学者の全国人民代表者会議（全人代）」はどうか。ともあれ、会員の大部分は、立派な業績を残した人格高潔な学者や研究者らの集まりと信じたい。会員のみながみな、このようなタチの悪い学者ばかりではないはずだ。仲間うちで新規会員を推薦し合って仰々しい肩書を手に入れ、まさか歪んだエリート意識に浸っているわけではあるまい。

ただ、学術会議側の反発ぶりを見る限り、中国科学技術協会との関係見直しや、日本の防衛研究への協力検討に舵《かじ》を切るなどの自浄作用は、期待できそうにない。政府は学術会議の廃止を含め、聖域なき改革に大ナタを振るってもらいたい。

そもそも、日本学術会議の会員になれないことが、なぜ、学問の自由の侵害に当たるのか。まったくもって不可解である。会員にならなければ自由な研究ができないわけでもあるまい。自分の所属する大学なり研究機関で研究すればよいだけの話だ。会員になれない、あるいは、なっていない学者や研究者には、学問の自由がないとでもいうのか。

学術会議の会員になることによって、自らのステータスに箔をつけたいだけではないのか。そんな疑念にもかられる。実際、学術会議はどれだけ機能し、どれだけ国家に貢献しているといえるのだろうか。以下に彼らの活動実態をおさらいしておく。

十年間「政府への勧告ゼロ」

日本学術会議は「科学の向上発達を図り、行政、産業及び国民生活に科学を反映浸透させる」（日本学術会議法）ことを目的に、昭和二十四（一九四九）年に設立された。会員二一〇人は特別職の国家公務員という身分だ。年間予算は十億円超で任期は六年。三年ごとに半数が交代する。科学に関する重要事項を審議したり、政府への政策提言を行ったりするのが役割だ。

疑問なのは、勧告や答申の少なさだ。学術会議によると、勧告とは科学的な事柄について、政府に対して実現を強く勧めるものだという。答申とは、専門科学者の検討を要する事柄についての政府からの問いかけに対する回答である。学術会議の任命問題で菅義偉首相の前政権を糾弾するキャンペーンを張った朝日新聞ですら、新型コロナウイルスに関して、学術会議は感染対策など何ひとつ政府への勧告も答申もしていないと批判している。

勧告は、発足当初の昭和二十四（一九四九）年から三十三（五八）年の十年間は三十七、以後一二一（五九～六八年）、六三（六九～七八年）、二十七（七九～八八年）とペースダウンし、バブル絶頂期からバブルが崩壊した九〇年代は八（八九～九八年）、以降、三（九九～二〇〇八年）

と減り続け、二〇一〇年八月の「総合的な科学・技術政策の確立による科学・技術研究の持続的振興に向けて」を最後に、勧告はまったく出ていない。

一方、答申は、平成十三（二〇〇一）年、十六（〇四）年、十九（〇七）年の計三回だけで、もう十三年間も、何も出ていないのである。政府の諮問を受けなければ、答申が出ないのは当たり前だ。しかし、これが何を意味するかというと、政府の怠慢が原因というよりも、政府が学術会議を必要としていないことの表れと言えよう。

科学的な事柄について、部、委員会、または分科会が実現を望む意見等を発表する提言こそ、最近三年間で八十を超える。だが、日本中がコロナ禍で苦しんでいる時に、国家の知恵袋として適切なタイミングで政策提言をしてきたと、胸を張って国民に説明できるのかは疑わしい。

学術会議の「裏の顔」

こうした勧告や答申の回数以上に問題なのは、学術会議が「裏の顔」を持っているということだ。先に指摘した通り、日本の防衛技術に関する非協力的な態度である。むしろ、この分野については、日本政府が進める安全保障政策に対して敵対的ですらある。どこの国の代弁をし、どこの国のシンクタンクなのかとすら思えてくる。

民間組織として防衛技術に協力したくないのであれば、そう宣言するのも勝手だが、学術会議の会員は特別職の国家公務員である。支給される手当が十分ではないとの不平も聞かれるが、まがりなりにも公金で運営されているのだ。国民の生命と安全を軽んじる姿勢は許されない。

もともと、先の大戦で軍部への協力を余儀なくされたという反省から設立された経緯があり、軍事的な研究にアレルギー反応を示すのは分からないでもない。だが、戦後七十六年が経ち、日本の周囲を見渡せば、中国やロシア、北朝鮮といった独裁的、権威主義的なゴロツキ国家に囲まれ、お隣りには、慰安婦像を使い、世界中で日本を貶める活動に喜々としていそしむ団体の背中を後押しする、病んだ政権がある。変えるべきは変え、改善すべきは改善するのが当たり前だ。成長した子供に、いつまでも同じ服を着せようという考え方こそ間違えている。だいたい、軍事と民生用の研究は表裏一体であり、線引きは不可能な分野が少なくない。そんなことを学術会議の面々が知らぬわけがない。知っていてそこに固執する言動から見えてくるのは、中国の忠実な代弁者としての姿である。

研究者や学者が軍事研究を意図しなくても、結果として研究成果が軍事転用されるのは、生物・化学兵器などを見るまでもなく明らかである。今では多くの人がコミュニケーションの手段として利用する電子メールや、ツイッターなどのソーシャル・ネットワーキング・サービス（ＳＮＳ）も、もともとは米軍が軍事目的で研究し、開発したものだ。

その事実を、学術会議のセンセイ方が知らないはずがなかろう。戦争を好む者などいない。戦争が起きないよう、抑止力としての軍事技術を磨き、防衛力を整備することが肝要であることは、論をまたない。

学術会議は昭和二十五（一九五〇）年、「戦争を目的とする科学の研究には絶対従わない決意の表明」と題し、「文化国家の建設者として、はたまた世界平和の使として、再び戦争の惨禍が到来せざるよう切望するとともに、さきの声明を実現し、科学者としての節操を守るためにも、戦争を目的とする科学の研究には、今後絶対に従わないというわれわれの固い決意を表明する」との声明を出した。

その後、昭和四十二（一九六七）年にも同様の声明を出し、平成二十九（二〇一七）年三月には、わざわざ「軍事的安全保障研究に関する声明」で、過去二回にわたり発出した先の声明を「継承する」と宣言している。

これは、中国科学技術協会と技術協力を目的とした覚書を締結した一年半後のことである。

中国の「金盾システム」を警戒せよ

日本学術会議の問題は、図らずも国家の「経済安全保障」という大事な側面を浮き彫りにした。

令和二（二〇二〇）年、当時、自民党税制調査会長だった甘利明衆院議員は、中国への認識について「内外に独裁的手法を包み隠さずあからさまにすることで世界覇権を行おうと思うことは驚愕だ」と語る。さらには、「監視カメラと位置情報と顔認証とＡＩ分析、公安の情報化である金盾《きんじゅん》システムで、国家監視社会モデルを築き、デジタル一帯一路に組み込んでいく。そして一帯一路参加国のデータを全て中国に集めることを狙っている」と言う（令和二年八月、国会リポート四一〇号）。

金盾システムは、グレート・ファイアウォールと呼ばれる。目には見えないが、インターネット上に存在する中国国家にとって不都合な情報を遮断する技術のことを指す。言うならば、サイバー空間に広がる中国の「万里の長城」だ。

甘利氏は党ルール形成戦略議員連盟会長として、令和元（二〇一九）年五月、経済や安全保障政策の司令塔の創設を求める提言を、当時の安倍晋三首相に提出している。米国の国家経済会議（ＮＥＣ）をモデルに「日本版ＮＥＣ」を首相官邸に設ける内容だ。米中の貿易摩擦は、デジタルや宇宙空間の覇権争いと絡《から》んでおり、司令塔を生かして、国家主導で一元的に戦略を立てる中国に対抗する狙いがある。

提言は日本版ＮＥＣについて、首相をトップに外務、経済産業などの各省や警察庁が組み、統一した戦略を練る必要性を指摘した。デジタルや軍事で影響力を強めようとする中国への警戒感が背景だ。巨大経済圏構想「一帯一路」やアジアインフラ投資銀行（ＡＩＩＢ）、華為技術（ファーウェイ）などを列挙し、国家主導で世界経済の覇権を握る可能性に触れている（日本経済新聞二〇一九年五月二十九日付 電子版）。

甘利氏は、中国が経済的な手段で他国の外交や企業活動に影響を与える「エコノミック・ステートクラフト」を進めているとし、中国の監視システム「天網」が中国産の測位衛星やドローンの普及に伴い、自動運転車の開発や実用など、企業活動や実社会への影響力を強める可能性を指摘する。また、超電導など日本企業の産業技術が海外で軍事転用されるリスクについても警鐘を鳴らす。エコノミック・ステートクラフトは、貿易政策、投資、経済制裁、サイバー、経済援助、財政・金融政策、エネルギー政策の七分野で構成される。

甘利氏は「日本は経済と諜報を一体で戦略を立てる各国の動きに極めて能天気だ。経済の裏にあるインテリジェンスの動きを常に把握できる体制にすべきだ」と話す。

米国の対中戦略に沈黙する学術会議

中国は、次世代通信網5Gや、陸海空という伝統的な戦闘空間に加えサイバーや宇宙、電磁波という新たな空間での世界覇権を目論む。日本はこれにどう向き合っていくのか。この視点なくして日本の明るい未来は描けない。中国科学技術協会との関係強化を図る学術会議だが、こうした現状について見て見ぬふりでは、その存在意義を問われよう。米ホワイトハウスは二〇二〇年五月、「中国に対する米国の戦略的アプローチ」と題する報告書を発表した。トランプ政権下でのことだが、それは、バイデン政権になっても基本線は変わらない。

報告書は、対中戦略において米国は、経済覇権、米国の価値観、安全保障の三つの挑戦に直面

バイデン大統領

していると指摘した。その上で、自由で開放的なルールに基づく国際秩序を破壊する中国の行動に対して、徹底した現実主義（戦略的競争相手に対して国益を守る）に基づき、日本をはじめとする価値観を共有する同盟国と協力して厳しく対処するとしている。

具体策として、中国の軍民融合戦略を念頭に、ＡＩ（人工知能）など新興技術の流出による人民解放軍強化を防ぐため、外国投資リスク審査近代化法（ＦＩＲＲＭＡ）制定と、外国投資委員会（ＣＦＩＵＳ）の機能拡大による投資規制強化、輸出管理規制強化に取り組むとしている。日本などの同盟国に対しても、投資審査の充実と輸出管理政策の協調を呼びかける方針だ。

注目すべきは、中国政府による新疆ウイグル自治区での人権侵害を批判したことだ。同自治区での人権侵害に関与する政府機関や、監視技術を持つ中国企業に対する米国製品や技術の輸出停止を図るため、輸出を禁止するエンティティリスト（米国輸出管理規則）追加措置をとった。

学術会議は、こうした米国や世界の動きに呼応し、中身のある提言をしてきたと言えるのか。その実態は何とも、お寒い限りだ。二〇二〇年六月末に施行された国家安全維持法で香港の一国二制度が骨抜きにされ、ウイグルでは人権弾圧が続いている。学術会議として日本政府に対し、中国との関係見直しなど、何らかの勧告や提言があってもよいはずである。

第八章　中国の浸透工作・各国の分析と戦略

中国の浸透工作を警戒する米国

「浸透工作」――。それは、敵対する社会に静かに、ゆっくり入り込み、中国共産党の利益に反する行動をとる勢力の芽を摘《つ》む作戦である。

中国共産党による浸透工作は、東かがわ市のような地方の都市から中央政府まで多岐にわたるが、こうした中国のアプローチについて、防衛省防衛研究所がまとめた「東アジア戦略概観2021」が、興味深い論考を掲載している。

執筆者は、同研究所の地域研究部中国研究室長の菊地茂雄氏だ。一九九一年、筑波大学第三学群国際関係学類卒業、一九九六年、ジョージワシントン大学エリオット国際関係学部修士課程修了（国際関係学修士）とある。

それによると、米国における二〇二〇年、ポンペオ前国務長官を中心とした政府高官の演説を読み解くと、中国の脅威が米国内に浸透して米国民の身近に迫ってきていることを強調しているという。ポンペオ氏は、「我々は中国市民に門戸を開放した」ところ、「中国は我々の記者会見、我々の研究センター、我々の高校、我々の大学、さらには我々のＰＴＡの会合にまでプロパガンディストを送ってきた」と述べている。

当時のバー司法長官も「目先の利益のために、米国企業が、米国における自由と公開性を犠牲にしてまで、その中国の影響力に屈服してしまうことが非常に多い」と指摘した。

バー前司法長官

レイFBI長官

バー長官は、そうした実例として『ワールド・ウォーＺ』（米国公開二〇一三年）や『ドクター・ストレンジ』（米国公開二〇一六年）などの米国映画を挙げて、「今やハリウッドは、世界最強の人権侵害者である中国共産党に媚びるために自分たちの映画の検閲を行っている」と批判した。

クリストファー・レイＦＢＩ長官も「中国と中国共産党が米国人を操るために活用」する方法として、「外国による悪意ある影響工作」を挙げた。レイ長官は、例えば、米国の政治家が台湾訪問を計画していることを中国当局が察知した場合に、その選挙区にある米国企業の、中国での工場操業の許可を取り上げるといった脅しを行う、あるいは、当該政治家と親密な関係者に接近して「媒介者として中国のために行動」するよう当該関係者を取り込み、台湾訪問を取りやめるよう、その政治家を説得させる、ということが行われていると指摘した。また、こうして中国に「取り込まれてしまった媒介者」は、説得する対象の政治家に、自分が「中国共産党の手先」となっていると明らかにすることはないし、本人も「手先として使われていることに気づきさえしない」ことがあると警告した（菊地氏）。

こうした米国の、中国による「影響工作」への対応については、特に興味深いものがある。少し長いが引用する。

議会においては、二〇一九年十二月に成立した二〇二〇会計年度国防授権法に、国家情報長官室（ODNI）内に「外国による悪意ある影響工作対応センター」を設置する規定が盛り込まれた。同センターは、ロシア、イラン、北朝鮮、中国が、公然・非公然の手段により行う、米国の政策と世論に影響を与えるための「敵対的活動」を意味する「外国による悪意ある影響工作」について、「米国政府が取得したすべての情報の分析と統合」を行い、米国政府の職員と政策決定者、議会に対し、「包括的な評価、兆候、警告を提供」するとともに、要請に応じて対応策の勧告を行うという。

また、同法では、ODNIの国家カウンターインテリジェンス・保安センター（NCSC）に対して、中国共産党において対外活動を担当する統一戦線工作部の名前を挙げて「米国における中国共産党による影響工作とキャンペーンに関する年次報告」を提出することを定める規定も、盛り込まれていたという。

　こうした中国による米国内での影響工作に対して、特に脆弱であると認識されたのが、「州以下のレベル」というのだ。先の、東かがわ市のケースと同様である。

コーツ元国家情報長官

ペンス前副大統領

ポンペオ前国務長官

　二〇一八年九月二十五日、当時のダン・コーツ国家情報長官は、中国の米国内での影響工作について触れた演説で、「中国政府は持てるすべての能力を活用して、米国の政策に影響力を行使し、プロパガンダを流布《るふ》し、メディアを操作し、学生を含め、中国の政策に批判的な人々に対して圧力」をかけており、さらには、「米国の州および地方政府、その職員を標的にして、連邦と地方レベルのあいだの政策の間隙」を利用し、「投資その他のインセンティブを使って影響力の拡大を図っている」と述べた。
　マイク・ペンス前副大統領も、二〇一八年十月四日、ハドソン研究所において行った対中政策演説で、情報コミュニティの評価を引用する形で、中国による米国の州・地方を標的にした影響工作に言及した。さらに、ポンペオ前国務長官も、二〇二〇年二月八日の全米知事協会に対する演説や九月二十三日のウィスコンシン州上院に対する演説において、中国側が「弱いつなぎ目」と認識している州政府以下の地方に影響工作を仕掛けているとして、「協力や友好」を装った中国外交官などからの働きかけに注意を喚起した。

まさに、東かがわ市が、これに当たる。こうした危機感の高まりを背景に、米政府は、中国政府の、特に州・地方・市政府レベルへの働きかけを制限するための措置を打ち出していった。これは、正しい措置と言えるだろう、イデオロギー的にも国家戦略的にも、しっかりと組織化された中国共産党とその関連団体は、米国の州政府や日本の地方自治体が、どうこうできる相手ではないのである。それだけ巨大で危険な相手だから、国家が手を打つのは当然で、それに鈍感な日本は、米国を見習うべきであろう。

二〇一九年十月二十一日付の連邦官報で米国務省は、中国の外交使節団の構成員が「米国の州、地方、および市政府の代表者」とのあいだで行う「すべての公的会合」や、米国の教育・研究機関に対する「すべての公的訪問」を、国務省を通じて提供されるべき「便益」と規定し、中国の外交使節団の構成員が、これら公的会合・訪問を計画する場合は、国務省に事前通告を提出することを求めることとした。

さらに国務省は、二〇二〇年七月六日付の連邦官報で、こうした事前通告の対象を拡大している。すなわち、米国を「一時的に訪問」する中国政府の職員が、公的なものに限定されない「接触」を、州・地方・市政府の「職員」（選出公務員、任命公務員、代表者、被雇用者を含む）とのあいだで行う場合にまで、事前通告を求めるようになったのだ。

また、二〇二〇年九月二十一日の連邦官報においては、中国の在米大使館・領事館などが、その敷地外で、五十人超が出席する「文化イベントを主催」する場合にも、国務省の事前許可を得るよう求めた。

中国メディアは共産党のプロパガンダ機関

中国共産党の浸透工作を担うクルマの両輪が、CCTV（中国中央電視台）などの官製メディアと、孔子学院といった教育機関を装ったプロパガンダ機関である。まずは、中国メディアについて、米国政府の対応を見てみたい。

国務省は二〇二〇年二月十八日の記者会見で、五つの中国国営メディアの「米国における代表事務所」を、一九八二年外交使節団法上の「外交使節団」に指定することを明らかにした。続いて、六月二十二日と十月二十一日には、それぞれ四つと六つの中国国営メディアの「米国における代表事務所とその活動」を「外交使節団」に指定することを明らかにした。

二月十八日の記者会見において国務省担当者は、これら中国国営メディアは、「一〇〇%、中国政府あるいは中国共産党のために働いて」おり、指定は、これらが「中国の一党国家のプロパガンダ機構の一機関」である実態に即したものであると説明した。その際、同担当者は、外交使節団に指定したこれら中国メディアに対して、第一に、米国で勤務する要員の基本的情報や、米国における要員の現況と人事異動に際してのアップデート、第二に、米国における不動産の保有状況の二点について、報告を求めるのが趣旨であると説明した。その一方で、「これらの機関が行うジャーナリスト活動にいかなる方法、形式、形態の制約を課すものでもない」としており、実際に公告を見ても、これらメディアは、中国政府職員に課されている州・地方・市政府関係者と接触する際の事前通告の義務からは適用除外されている（東アジア概観２０２１）。

二〇二〇年六月二十二日、二回目の指定に当たって記者会見に臨んだデービッド・スティルウェル国務次官補（東アジア・太平洋担当）は、中国共産党は「常に中国の国営報道機関を厳しく統制」してきたが、その「コントロールは近年厳しさを増し」ており、「彼らが発信することは、実のところ、共産党の要望に合わせ」られており、「ジャーナリズムとは呼べない」と指摘した。スティルウェル氏は、これらを外交使節団に指定することで、「中国の党国家が、米国で活動するものを含め、いわゆるメディア機関を実質的にコントロールしていることを正式に認識」し、「米国におけるこれらあるいはその他の中国政府によるプロパガンダ活動について透明性を向上」させるものであると述べた。

こうしたことからも、これら一連の中国の国営メディアを外交使節団に指定したことは、これらに「共産党のプロパガンダ機関」とのラベリングをすること自体が目的であったと言えよう。

世界中が懸念を表明した孔子学院

次に孔子学院である。前章でも詳述したが、米国は孔子学院をどう見ているのだろうか。東かがわ市が提携しようとした相手は、「海淀学校」という、中国共産党と繋がりが強く、軍事訓練にいそしむエリート学校であった。そこまで徹底してはいないものの、文化や教育での交流を掲げながら党のプロパガンダを担っていると米政府に認定されているのが、孔子学院である。

拙著『日本が消える日』で詳しく紹介しているが、教育機関を使って対象国に浸透工作を仕掛ける手口は同じだ。海淀学校の方が、そのアプローチの仕方はより露骨だが、これまで孔子学院のことをよく知らなかった読者のために、先にも少し触れたが、簡単に追記しておきたい。

孔子学院は、春秋時代末期の中国思想家で儒教の開祖、孔子の名を冠しているが、孔子とはまったく関係ない組織である。実態はむしろ、「毛沢東学院」であり「習近平学院」と言った方が実態に近い。そもそも、一九六〇年代から七〇年代にかけて中国全土に吹き荒れた文化大革命のときには、「批林批孔」を唱え毛沢東のライバルだった林彪を反革命分子とし、孔子も「頑迷な奴隷制擁護の思想家」として、大弾圧の対象とされていたのだ。そんな人物を冠した学校を浸透工作の手段に使うとは、悪い冗談もいいところである。

欧米諸国やオーストラリアなどでは、孔子学院が教育機関を装い、中国語学習や文化交流に名を借りたプロパガンダに利用され、学内での自由な論議が妨げられたという報告が相次いでいる。

先の菊地氏の論考によると、米国務省はこうした孔子学院について、十五の中国国営メディアと同様の措置を講じているという。孔子学院は発足当初、中国教育部の下部組織である国家漢語国際推広領導小組弁公室（漢弁）が管轄し、海外における中国語教育、中国の言語・文化の理解促進、教育文化交流、協力の強化、友好関係の増進などを目的として、提携する海外の大学などの教育機関内に設置されているものとされる。なお、大学レベルの孔子学院に対して、中等教育レベルの孔子学級も米国では展開されており、二〇〇四年に米国に孔子学院が初めて開設されて以降、一〇〇を超える孔子学院、五〇〇を超える孔子学級が設置されたという。

これに伴い、米国の大学キャンパス内の孔子学院のプレゼンス（影響力）に対して、懸念が表明されるようになった。二〇一四年六月、全米大学教員協会（AAUP）は孔子学院に関する声明を発出し、孔子学院を設置する際に提携先の大学とのあいだで取り交わされる合意文書の大部分には、「中国政府の政治的目標と慣行に対する受け入れ難い妥協」が含まれ、孔子学院が「教員の募集とコントロール、カリキュラムの選択、討論に関する制約について中国の国家アジェンダを推進」することを認めたものとなっており、こうした学術上の事項について第三者のコントロールを認めることは、学問の自由と、大学の自治の原則に反すると主張した（東アジア概観2021）。

また、全米学術協会（NAS）も、二〇一七年四月に公表した報告書において、二〇〇九年に李長春・中央政治局常務委員が行ったとされる「孔子学院は中国の海外におけるプロパガンダ組織の重要な部分」との発言を引いて、孔子学院・孔子学級を設置している米国の大学に対して、これらを閉鎖し、漢弁との関係を絶つよう勧告した。

さらに、二〇一九年二月二十七日、上院国土安全保障・政府問題委員会が公表した「米国の教育システムに対する中国のインパクト」という報告書は、「中国政府は、米国教育機関における孔子学院のほぼすべての側面をコントロール」しており、孔子学院の学院長と教員も「中国の国益擁護を誓約」させられ、「孔子学院による資金提供には学問の自由を棄損しかねない付帯条件が付けられ」ているが、国務省や教育省もその実態を十分に把握していないと指摘している。

このように米国の大学内における孔子学院の存在に対する懸念が深まったことを受けて、二〇二〇年八月十三日、当時のポンペオ国務長官は、米国における「孔子学院ネットワーク」の「事実上の本部」であるとする、孔子学院米国センター（ＣＩＵＳ）を外交使節団に指定したことを明らかにした。なお、八月二十四日付の連邦官報において国務省は、ＣＩＵＳが米国において活動を行う場合、同省が定める諸条件に従うことを求めることとし、①二〇一八〜二〇二〇年の三年間においてＣＩＵＳが米国内の孔子学院および孔子学級、その他の教育機関に対して行い、または行う予定の財務的、その他の支援に関する詳細な報告書、②二〇一六年以降、ＣＩＵＳにより米国内の孔子学院および孔子学級に配置された中国市民のリスト（以後、半年ごとに更新）、③孔子学院等を新規に開設する場合に資金・人員その他を配分する際の、国務省への六十日前の事前通告、④二〇一六〜二〇二〇年に孔子学院等で使用するためにＣＩＵＳが配付した教材の写しを提出することを求めた。

こうした措置について、ポンペオ国務長官は、ＣＩＵＳの外交使節団指定に関する八月十三日付の声明で、「米国の大学とＫ‐12（幼稚園～高等学校）教育において、北京のグローバルなプロパガンダと悪意ある影響工作キャンペーンを推進する主体」であり、かつ「中国の資金拠出を受ける、中国共産党のグローバルな影響工作・プロパガンダ機構の一部」であるというＣＩＵＳの実態に即したものであると発表した。そして、この指定を行った「目的」は、学校関係者に「これら中国共産党が支援したプログラムの継続を認めるかどうかについて情報に基づいた選択」をしてもらうことであると説明した。

こうした説明に鑑みても、今回のＣＩＵＳの外交使節団指定は、ＣＩＵＳを含む孔子学院が中国のプロパガンダ機関であり、在米中国人学生に対する監視機関であるということを強調することに、目的があったものと見られる。キース・クラック国務次官（経済成長・エネルギー・環境担当）が国内の各大学理事会に宛てた書簡（八月十八日付）や、ポンペオ国務長官とベッツィ・デボス教育長官が連名で各州の教育長官に宛てた書簡（十月九日付）も、米国の大学・学校に設置された孔子学院や孔子学級が、中国政府の承認したカリキュラムと、同じく、中国政府が訓練した教員により運営される「中国のグローバルな影響工作の重要な一部」であると指摘し、財政的なインセンティブをテコに、大学における言論にまで介入してくることなど、孔子学院・孔子学級の受け入れによってもたらされるデメリットを強調したのも、そうした目的に沿ったものであろう（東アジア概観２０２１）。

孔子学院を「閉鎖」した工学院大学の英断

翻って日本では、令和三（二〇二一）年三月末、東京都新宿区にあった中国政府肝入りの「文化」拠点が、ひっそりと閉鎖した。工学部など四つの学部と大学院を有する工学院大学（伊藤慎一郎学長）に設置されていた孔子学院だ。二〇〇八年に設置されて以降、JR新宿駅から徒歩数分という好立地もあり、受講生にはそこそこ人気もあったようだ。それだけに、突然の閉鎖は日中の関係者を驚かせた。なにしろ、文部科学省や外務省もノーマークだった孔子学院の、日本国内における「閉鎖」第一号となったからだ。

令和元（二〇一九）年五月に国内十五番目の孔子学院が山梨学院大に「新設」されたときは、国際情勢に関するあまりの感度の悪さに、暗澹たる気持ちになったものだ。当時すでに孔子学院は、米国はじめ世界各地でその運営方法などに批判が集まり、閉鎖が相次いでいたからだ。その意味で、工学院大が孔子学院の閉鎖を決めたのは、注目に値する。これが、他大学の孔子学院の透明化や、閉鎖の動きにつながっていくことを期待したい。

令和三年五月二十一日、孔子学院を閉鎖した時期や理由を聞くため、工学院大に電話で取材した。大学側は、「そもそも孔子学院とは、場所を提供するという約束で、設置期間は今年六月までだった。教室を改装する必要があったため、それを機に契約を解消し、今年三月いっぱいで閉鎖した」と説明した。

欧米諸国では孔子学院への批判や警戒感が高まっているという事実を知っているかどうか尋ねたが、あいまいな答えしか返ってこなかった。運営資金の原資などについては、いっさい教えてくれなかったが、これは逆に、学院の閉鎖性を物語っていよう。

ここで注目したいのは、孔子学院との契約に、「設置期間」があったという事実である。これは初耳だ。この設置期間を更新せずに契約を解消したのは、工学院大にとっても英断だったに違いない。何しろ相手は中国共産党の影響下にある組織である。どんな恫喝、嫌がらせが待っているか、分かったものではないからだ。ただ、本当かどうかは不明だが、この点について工学院大は、筆者の取材に対し、「(中国側との解消交渉は)円満だった」と語っている。

フランス陸軍が暴いた中国共産党の浸透工作

本書「はじめに」でも紹介したように、フランス陸軍士官学校研究センター(IRSEM)は二〇二一年九月、「中国による影響力行使作戦」(「マキャベリ的瞬間」Machiavellian moment 愛されるよりも、恐れられる方が安全だ)を公表した。副題の意味はさしずめ、「友好よりも恫喝に勝る外交はない」という意味であろうか。

孔子学院が跋扈《ばっこ》し、地方議会に中国系や中国共産党の息のかかった議員が誕生して、実害が出始めている米国やカナダ、オーストラリアではなく、太平洋に領土と駐留軍を持ち、日米豪印が主導する「自由で開かれたインド太平洋構想」への参加意欲を示すフランス軍部がまとめた点が興味深い。

中国は「統一戦線工作部」により、内外の敵を排除し、共産党の権威に挑戦する集団を統制する方策として、平時でも世論戦、心理戦、法律戦という「政治戦争」を仕掛け、情報操作、破壊工作、信用失墜作戦にいそしんでいるとする。これらの作戦を遂行するため、「役に立つバカ」のリクルートを行っているというのだ。これは、旧ソ連の手法をそっくり真似た手法だという。「役に立つバカ」とは、平たく言えば、自分が共産党に利用されていることに気づかないまま、一生懸命、自らの善意で、力のある政治家や影響力のある有名人らの工作対象に働きかけ、共産党の主張を擁護してくれる存在である。もちろん彼らは、自分にそんなマヌケなコードネームが付けられていることなど、知るよしもない。だが、工作される対象者にとって、実はこれほど厄介な存在もないのである。バカであるだけに、情報を扱うプロのような鋭利な感覚や危険に対する嗅覚を感じさせないため、その背後にある、ドス黒く広がる罠を見破るのが難しいのだ。

先の報告書は、「長いあいだ、中国はロシアとは異なり、恐れるよりも愛されることを望んでいたと言える。北京は、誘惑や魅力、あるいは国際的な基準を形成するという野心を捨てておらず、中国共産党にとっては『面目を失わない』ことが非常に重要である。一方で北京は、浸透させたり強要したりする役割も担うようになってきている。近年、北京の影響力行使はより厳しくなり、その手法はモスクワのそれに似てきている。これは、マキャベリが『王子』で書いたように、『愛されるよりも恐れられる方が安全である』と北京が信じているように見えるという意味で、『マキャベリ的瞬間』である」という文章で始まる。マキャベリとは、『君主論』で知られる、ルネサンス期の政治思想家である。

報告書によると、これは、中国の影響力行使のロシア化なのだという。報告書は、最も穏健なパブリック・ディプロマシ（広報文化活動）から、最も悪質な干渉（秘密活動）まで、広範囲にわたってカバーした。四つのパートで構成されており、コンセプト（概念）、アクター（活動主体）、アクション（行動）、そして、いくつかのケース（事例）に分けた構成となっている。その中の主なものを、順次紹介していきたい。

まず、コンセプト（概念）。中国の影響力行使を理解するための重要な概念として、中国共産党の政策である「統一戦線」が挙げられる。

内外の敵を排除し、その権威に挑戦する集団を統制し、党の利益のために党を中心とした連合体を構築し、海外にその影響力を投じることや、中国に有利な環境を形成することで、戦わずして勝利することを目的とした形態である、中国の「政治戦争」の中核をなすものとして、「三戦」がある。戦時下でも平時下でも行われるこの戦争は、「世論戦、心理戦、法律戦」で構成される（このうち法律戦は、英語で lawfare と呼ばれるものに似ているが、完全には一致しない）。

これらは、情報操作、偽造、破壊工作、信用失墜作戦、外国政府の不安定化、挑発、偽旗作戦、社会的結束を弱めるための工作、「役に立つバカ」の募集、フロント組織（前線組織）の設立など、ソ連から輸入した概念なのだという。

次に、アクター（活動主体）である。中国の影響力行使を実行する主な主体は、党、国家、軍、そして企業の派生物である。党内には、イデオロギーを担当し、国内の全メディアと文化生産をコントロールする「宣伝部」、主なターゲットを反映した十二の局を持つ「統一戦線工作部」、海外の政党との関係を維持する「国際連絡部」、党外で活動する世界各国のエージェントを抱える「610オフィス」などがある。このグループには、中国共産主義青年団（CYLC）が含まれている。CYLCは形式的には党組織ではなく大衆組織だが、若者への伝達ベルトであり、将来の党幹部を育てる場であり、いざという時に動員される力でもある。

さて、国家の中でも、特に影響力を行使する組織は、民間の主要な情報機関である国家安全部（MSS）と、台湾への宣伝を担当する台湾事務局（TAB）の二つだ。

人民解放軍の中で情報に関する能力と任務を持っているのは、戦略支援部隊（SSF）、特にネットワークシステム部である。具体的には、福建省福州市に本部を置き、先の「三つの戦争」戦略の実施に尽力する311基地がこの分野の主役とされている。また、民間人の隠れ蓑となるメディア企業や、実際にはトレーニングセンターである偽装ホテルも運営している。

そして、誰に、いつ、どのように影響を与えるかを知る必要があるため、影響力行使の効果を左右するデータの収集には、官民双方の企業が重要な役割を果たしている。

また、WeChat《ウィーチャット》、Weibo《ウェイボー》、TikTok《ティックトック》などのデジタルプラットフォーム、Baidu《バイドゥ》やHuawei《ファーウェイ》などの企業、データベースなどの新技術は、研究者が中国の「テクノ権威主義」または「デジタル権威主義」と呼ぶものについての知見を提供し、海外での影響力行使の材料や準備に利用されている。また、統合幕僚監部は、旧2APLのヒューマン・インテリジェンス・ミッションを継承していると思われる。

三番目はアクション（行動）だ。四つの物語（模範、伝統、博愛、権力）に反映されている中国の肯定的な物語を提示することで、海外の視聴者を誘惑し、服従させること、その一方で、こうした物語を「浸透」させ、「強制」することである。

「浸透」とは、敵対する社会、対象にゆっくりと入り込み、中国共産党の利益に反する行動をとる傾向を妨げることだ。「強制」は、懲罰的または強制的な外交を徐々に拡大し、党の利益を脅かす、いかなる国家、組織、企業、個人に対しても、組織的に制裁を加える政策となることに対応する。どちらも、漠然とした仲介者を介して行われるのが普通だ。

これらの実践は、特に以下のカテゴリーを対象としている。目的は、ディアスポラ（海外の中国人コミュニティ）を支配して、権力の脅威とならないようにすることと、彼らを自国の利益のために動員することの二つだ。アメリカに本部を置く国際NGO団体「フリーダムハウス」によると、中国共産党政権は、世界で最も洗練された、グローバルで包括的な、国境を越えた弾圧キャンペーンを行っているという。

《筆者注：筆者も、米国の首都ワシントン勤務時代にさまざまなシンクタンクを取材したが、そこには新華社通信など中国メディアの特派員を装った工作員がウジャウジャいた。ワシントン市内の目抜き通り、マサチューセッツ通り沿いにあるリベラル系シンクタンク「ブルッキングス研究所」に招待され、朝食をとりながらの勉強会に出席した際には、主催した米国人博士（研究員）が自慢げに名刺の裏側を筆者に見せ、「私の中国語版の名前です。素敵でしょう。この人がくれました」と言って、同席した中国人記者（を装った工作員）を見て二人して微笑んでいた。この中国人「記者」は、物腰も当たりも柔らかく、好感の持てる紳士であり、上品でもあった。米国人博士をうまく取り込んだものである。筆者はそんな趣味はないので、彼らのあいだに割って入り、日本語の名前を進呈する気は、さらさらなかった》

さて、北京の明確な目的は、「新しい世界のメディア秩序」を確立することだ。世界でのイメージをよりよくコントロールするために、二〇〇八年から年間十三億ドルを投じている。中国の大手メディアは、複数の言語で、複数の大陸で、中国でブロックされているものを含む、すべてのソーシャルネットワーク（ツイッター、フェイスブック、ユーチューブ、インスタグラム）上で、グローバルな存在感を示しており、多額の資金を投じて、オンライン視聴者数を人為的に増加させている。また、中国共産党が事実上の準独占状態にあることから、北京は海外の中国語メディアや主流メディアをコントロールしようとしている。共産党は、テレビ、デジタルプラットフォーム、スマートフォンなど、世界の情報サプライチェーンのあらゆる段階に影響を与え、アンテナをコントロールすることにも関心を持っている。

こうしたアクションのうち、外交では、特に二つの要素がある。国際的な組織や規範への影響力だ。北京はその影響力を強化するために、古典的な外交努力だけでなく、秘密の影響力作戦（経済的・政治的圧力、共同利用、強制、汚職）を展開している。「戦狼」と呼ばれる外交においては、外務省のスポークスマンや十数人の外交官の姿勢が、どんどん攻撃的になっている。

このような攻撃は、古典的なものだけでなく、比較的新しい形態のものもあり、特にソーシャルネットワークを利用して罵詈雑言《ばりぞうごん》や非難、脅迫にまで及ぶこともありえる。全体的に見ると、中国外交におけるこのような攻撃的な変化は逆効果である。

次に、経済的な強制力では、中国への経済的依存の利用が最初の手段となることが多い。中国の経済的威圧は、中国市場へのアクセス拒否、禁輸措置、貿易制裁、投資制限、特定の地域が依存している中国観光の割り当て、民衆によるボイコット組織など、さまざまな形で行われている。北京は、検閲を市場へのアクセスの前提条件とする傾向を強めている。そして、多くの企業がそのプレッシャーに屈してしまう、という。

政治においては、対象となる社会に浸透し、公共の政策決定メカニズムに影響を与えることを目的としている。影響力のある政党や著名人との直接的な関係を維持することで、標的となる企業に潜入し、公的・非公的な支援を集め、野党や「引退した」政治家を利用することで、政府内で起こりうる障害を回避することが可能になる。中国は選挙妨害も行っている（過去十年間で、中国は七カ国の、少なくとも十の選挙に介入している）。

教育では、何よりもまず、党の影響力の主な対象の一つである、大学を介して行われる、という。その主な手段は、関係機関の自己検閲につながる金銭的な依存、海外のキャンパスで、中国人学生だけでなく大学の教師や管理者を監視・脅迫し、選択コースや教材、イベントのプログラムを変更させること、そして自己検閲を煽り、批判的な研究者を処罰することで、中国研究を形成することだ。

共産党は、共同研究プログラムのような合法的で隠れた手段や、窃盗やスパイ活動のような、違法で隠れた手段を用いて、知識や技術を獲得するために大学を利用する。民軍融合の文脈では、一部の共同プログラムや欧米の数十の大学に籍を置く研究者が、知らず知らずのうちに、北京の大量破壊兵器の製造や、中国国民を弾圧するための監視技術の開発に協力している。二〇二〇年と二〇二一年には、いくつかのスキャンダルが勃発している。

孔子学院や孔子課堂は、中国語や中国文化を教えるという名目で特定の教育機関への依存や服従を強め、学問の自由を損ない、時にはスパイ活動を行う。教育分野における中国の戦略は、海外に中国のシンクタンクの支部を設立することなどである。

文化面では、映画やテレビシリーズ、音楽や書籍など、魅力的な文化製品の生産と輸出を通じて行う。北京を怒らせないように、そして巨大な中国市場へのアクセスを維持するために、多くのアメリカの映画会社は自己検閲を行い、北京を怒らせるようなシーンをカットしたり、修正したり、あるいは中国のキャラクターに「正しい」役割を与えすぎたりしている。

《筆者注：スターウォーズの何作目だったか、中国系の俳優が正義の味方のような役割を演じていたのを劇場で観たとき、ああ、ハリウッドは中国資本に乗っ取られてしまったんだな……と悲しい気持ちになった。そこから思い出すのは、熱心なチベット仏教徒で、かつ人道主義者である俳優のリチャード・ギアだ。一九九三年のアカデミー賞授賞式でプレゼンターを務めた際、台本を無視し、中国によるチベット抑圧は「恐ろしく人権が侵害された状態」だと非難した。激怒したプロデューサーに、アカデミー賞の授賞式への出席を禁じられたが、二〇〇八年には北京オリンピックのボイコットを訴え、二〇一二年にもインドで行われた仏教イベントで、中国について「世界で最も偽善的な国」と語るなど、臆することなく発言を続けている（シネマ・トゥディ二〇一七年四月二十四日付 電子版）》

さて、中国市場へのアクセスを拒否することは、党・国家に批判的なすべての俳優を対象としている。他にも、俳優らに作品を修正させたり、中国の検閲官の仕事をさせたりと、さまざまな圧力をかけている。

情報操作においては、党の宣伝（プロパガンダ）を広めるために、偽の身分証明書を作成したり、ソーシャルネットワーク（SNS）で偽のアカウントを使用したり、荒らし行為やアストロサーフ（偽の草の根運動、自然発生的な大衆運動を装った運動）を行ったり、世論を「誘導」するために、報酬を得た多数の「インターネット工作員」（通称「五毛党」と呼ばれる）を使用したりしている。人民解放軍（PLA）や中国共産主義青年団（CYLC）は、ネットを使って、擁護、攻撃、極論の維持、侮辱、嫌がらせなどの行為を行っている。

最近、ツイッター、フェイスブック、ユーチューブでは、人為的な宣伝工作が中国発であることを確認した結果、何万もの偽アカウントが停止した。あるものは長いあいだ「休眠状態」にあり、あるものは買収したり盗用したりして、中国のプロパガンダを増幅し、中国語と英語で米国を攻撃している。

一部のアカウントでは、人工知能によって生成されたプロフィール写真が使用されているが、これは中国のSNSでよく見られる手法である。これらのキャンペーンの重要な点は、単に中国を擁護するだけではなく、ロシアが長年行ってきたように、自由民主主義国への攻撃を行うことだ。人民解放軍は、抑止力や心理戦を目的としたプロパガンダの拡散によるオープンな影響力と、外国の標的に対する秘密の敵対的活動の両方に、ソーシャルネットワークを利用している。

そのほか、北京が影響力を行使する際に使用するその他の手段としては、市民運動、特に独立運動（ニューカレドニア、沖縄）や平和主義者（冷戦反対派）、中国人観光客、影響力のある人物、特に欧米のユーチューバーや学者、さらには北京が「人質外交」を実践していることなども挙げられる。

《筆者注：中国共産党が仕掛けるプロパガンダに、沖縄の独立運動が入っていることに注目だ》

結論として、報告書は、こうした中国のやり方は、戦術的にはいくつかの成功を収めているものの、影響力という点では、中国自身が世界の敵と見なされ始めた今、戦略的には失敗であると結論づけている。習近平の登場以降、特に近年の北京のイメージの残酷なまでの悪化は、中国にとって戦狼外交の失敗であり、自国民に対するものも含めて、間接的に党を弱体化させるほどの規模になっているという。

第九章　外国人による特殊犯罪の増加

忍び寄る「静かなる侵略」

ここまで見てきたように、中国による「静かなる侵略」は、着実に日本を侵食し続けている。そのほとんどが、忍び足でやってくるから厄介だ。そして、笑顔で手みやげを持って近づいて来る彼らが、いつなんどき豹変するか分からない。中国には国防動員法があり、海外にいても、中国共産党政権の支配下にあるからだ。国防動員法は、有事には民間のヒト・モノ・カネ、すべてを強制接収できる「戦争法」である。彼らの中には、ビジネスマンや技術者を装いながら、密命を帯びてやってくるプロの工作員が多数いるのは、公然の事実である。

ここに興味深い論考がある。中華文明発祥の地である黄河中下流域にある平原（中原）に出現した漢人の遺伝子に今でも残されているのは「移動（入植）」なのだと指摘するものだ（新潮社

「フォーサイト」樋泉《ひいずみ》克夫・愛知県立大名誉教授)。彼らは、武装して侵略を企《くわだ》てるのではない。寝床を確保するためにゴザを担ぎ、異民族の住む肥沃《ひよく》な土地へ土地へと移動を繰り返し、最後はそこを乗っ取ってしまうのである。現代でいう、チャーム・オフェンシブ(魅力攻勢)と呼ばれる、微笑み外交の一種とも言える。彼らは海を渡り、どこへでも行く。

そんな漢人の特質について、「世界で最も理解できないでいるのが日本人」(樋泉氏)なのだという。日本人の知っている中国人とは、四書五経を残し、漢詩を詠み、京劇を演じる漢人である。平たく言えば、ゲテモノ食いで、移動を繰り返し、新天地を乗っ取る漢人の習性を知らないということだ。そこに、中国人に対する、拭《ぬぐ》い難い日本人の誤解があるというのだ。

なかなか強烈な物言いだが、タケネズミというネズミのたぐいやハクビシンを食すなど、いくら食文化が違うとはいえ、およそ日本人では考えられない野獣を食べるから、まあ、ゲテモノ食いと言いたくなるのも、むべなるかなだ。

実際、漢人に入植された中国・新疆ウイグル自治区は悲劇である。移動してやってきた漢人と、古くからそこに住むウイグル人とが、漢人の入植当初こそ、仲良く暮らしていたが、中央政府に呼応する形で突如として決起し、「ここは四千年前から中国(漢人)の領土である」と領有権を主張し始めたのだから大変だ。なだれ込んだ武装警察、人民解放軍がウイグル人狩りに乗り出し、今でもそれは続いている。

米国のペンス前副大統領が二〇一九年十月二十四日の演説で、「新疆ウイグル自治区で中国共産党は、一〇〇万人以上のウイグル人を含むイスラム教徒を強制収容施設に投獄している」と言及した通りである。こうした演説内容は、トランプ前政権の思いつきではない。米国の総意だ。二〇二〇年五月には、米上下両院でウイグル人権法が全会一致で可決した。ペンス氏の演説は、「北京は意図的にウイグル文化を抹殺し、イスラムの信仰を根絶しようとしている」と厳しく批判する内容となっている。

バイデン大統領（左）とブリンケン国務長官（右）

こうした見方は現在のバイデン政権でも継承され、ブリンケン国務長官は、長官指名のための議会公聴会で、トランプ政権の見方を踏襲し、中国共産党政権によるウイグル人弾圧をジェノサイドと明言している。

今ウイグルで起きていることが他人ごとだと思っている日本人がいるとしたら、あまりに国際情勢に鈍感であり、能天気である。花に擬態したハナカマキリに近づき、やすやすと捕食されてしまう昆虫と変わらない。

首都圏のチャイナ団地だけじゃない

埼玉県川口市の芝園団地では、五千人いる住人のうち、半数以上を中国人ら外国人が占めている。数年前に、日本人住人との数が逆転した。このあたりの事情は、拙著『静かなる日本侵略』

や『日本が消える日』に詳しい。むろん、ここの中国人住人のみながみな、怪しげな侵略者だと言うつもりは毛頭ない。ただ、異様とも思えるハイペースで中国人が増え続け、地元住人からの苦情が絶えないという事実は、厳然として存在する。

自治会に聞くと、今ではずいぶん改善されたとのことだが、以前は、早朝から深夜まで団地内に響き渡る中国人どうしが会話する大声や、子供の歓声や泣き声といった騒音のほか、エレベーター内や階段の踊り場など、所かまわぬ子供の糞尿が問題となっていた。

千葉市美浜区にも、チャイナ団地と呼ばれる広域エリアがある。自治会長の話から聞いた、ゴミの分別や駐車場の利用方法などをめぐる住人どうしの話し合いをしていた際、注意されて逆切れした中国人男性から「団地を乗っ取ってやる」とすごまれたという話は事実である。失笑したのは、この団地で自転車の盗難が相次いだ際、中国人住人の女性が自治会長に対し、「きっと中国人の仕業《しわざ》よ。同じ中国人だから分かる」と漏らしたというのだ。

東京都内では、池袋北口周辺が、アングラを含めたチャイナタウン化して久しいが、今度は西口の池袋丸井が閉店し、再開発計画の対象となっている。豊島区は現在、JR池袋駅の東西にまたがるエリアを七地区に分けて再開発中で、「国際アート・カルチャー都市のメインステージの実現に向けた街づくりを推進している」（豊島区）。超高層ビル三棟が建設予定で、テナントの一角として、中華街構想が取りざたされている。札幌市中心部の狸小路《たぬきこうじ》に建設中の高層ビル内に浮上している中華街構想と同じ発想だ。中国人観光客目当てなのだろうが、街がどんどん赤と黄色に染まっていく光景が目に浮かぶ。豊島区は同時に、日本と韓国、中国が連携して文化芸術イベントを集中的に開催する「東アジア文化都市」にも選ばれており、ますます、街の中国化が進むものと思われる。

もう四半世紀も前になるが、この池袋にも近い目白には、中国人が経営する「屋台村」があった。これが暴力団の資金源になっていたとして警視庁に摘発され、その後、解体した。それを取材していた筆者に対して、テレビ朝日の取材クルーが、摘発された屋台村の主催者とグルになって、筆者にカメラを向けて逆取材という「圧力」をかけてきたのには驚いた。

警視庁内の、民放テレビが所属するニュース記者会に所属していない、見たことのない顔だったので、ワイドショーだかの情報番組だったのだろう。あまりに物知らずで軽薄な行為に、同じメディアとして恥ずかしい思いを抱いたものだ。もちろん、その場で説教した上で、反社会的勢力と気脈を通じていたとして、当時の警視庁捜査幹部にテレビ朝日の反社会的な行為を通報した。

そんな池袋を抱える豊島区は現在、外国人が住民の一割を占め、空き家率が東京二十三区内で最も高い。平成二十六（二〇一四）年五月には、日本創成会議による発表で、東京二十三区で唯一、「消滅可能性都市」と認定されている。人口は平成十七（二〇〇五）年以降、V字回復を見せて二十九万人と増え続けているが、同時に外国人居住者も増え続けており、平成十七年の二万五千人から三万人に増えている。

国際化を進めて街が活性化するのは悪いことではないが、日本人の人口減を外国人で穴埋めしようと考えているのであれば、それは間違いだ。池袋北口エリアは、「日本の警察も手が出せないほどアンタッチャブル化が進んでいる」という（中国人による犯罪捜査に詳しい元警視庁通訳捜査官の坂東忠信氏）。そうなってからでは遅いのである。

首都圏の団地だけではない。先ほど述べた札幌市の繁華街「すすきの」のど真ん中や、大阪市西成区の、通称「日雇い労働者の街」と言われる「あいりん地区」における大阪中華街構想など、ビジネスに名を借りた中国人による中華街構想が全国各地でうごめいている。新手の入植拠点とも言える新中華街が中国人たちの居留区となり、東京・池袋の地下社会のような治外法権エリアがすぐそこに出現しないとも限らないのだ。

ベトナム人が健康保険証で詐欺事件

これは氷山の一角だろう。健康保険証に顔写真の添付を義務づければ済む話なのだが、なぜ政府はそれをやらないのか、不思議というより怠慢である。健康保険の仕組みは、みんなが応分の負担をして助け合うことにより、成り立っている。それを損なう不正を放置してはならないのは、言うまでもない。

他人の健康保険証で姫路市内の病院に入院し、治療費のうち約五十五万円を健康保険に負担させたとして、令和三（二〇二一）年九月十四日、兵庫県姫路市内に住むベトナム国籍の無職の男

（二十四歳）が、詐欺の疑いで兵庫県警国際捜査課と姫路署に逮捕された。

逮捕されたのは姫路市の無職、トラン・フイ・フン容疑者だ。警察によると、フン容疑者は他人の健康保険証を使い、今年四月、姫路市内の病院に入院して、約八十万円かかった治療費のうち、五十五万円を健康保険に負担させたという、詐欺の疑いだ。

同年五月、警察が別の事件の捜査でトラン容疑者の自宅を捜索したところ、他人名義の診察券と、病院の名前が書かれた松葉づえが見つかったという。警察の調べに対して容疑を認め、「家で冷蔵庫を運んでいるときに足をケガをした。保険証を持っていなかったので、安くすませようと思い借りた」と供述した。

また警察は、この健康保険証を貸して、通訳をするなど治療の手続きを行ったとして、知り合いの、いずれもベトナム国籍、姫路市内で人材派遣会社を経営するレ・ティ・フォン容疑者（二十六歳）と、その夫で従業員のクアック・クアン・ユイ容疑者（二十七歳）も、詐欺の疑いで逮捕した。この時点で、夫は黙秘し、妻は否認しているという。

筆者は拙著『日本が消える日』で、外国人にタダ乗りされる日本の医療制度の欠陥を指摘した。その懸念が的中してしまった。それが今回の事件である。

外国人に対する公的医療保険制度の「抜け穴」については、以下のような問題点がある。
①来日三カ月超で国民健康保険に加入して、高額治療を受ける
②健康保険証を仲間内で使い回しする「なりすまし」

③海外で治療して必要書類を偽造し、保険の適用申請をする
④母国の家族を扶養に入れ、治療を受けさせる

まず、①についてだが、従来、外国人の国民健康保険（国保）加入は一年の在留期間を満たす必要があったが、平成二十四（二〇一二）年に住民基本台帳法が改正され、三カ月以上の滞在見込みであれば、外国人も住民登録されることになり、国保に加入できるようになった。保険料は前年度の収入に基づく所得税額によって算出される。

このため、来日直後で前年度に日本国内で収入のない外国人の保険料は、最低額（月に数千円）で済む。これで、高額な医療費がかかった場合に治療費を払い戻す「高額療養費制度」も使えるのだから、日本は外国人にとって、まさに医療天国と言える。二〇二〇東京五輪・パラリンピックを誘致した際、「お・も・て・な・し」を売りにした日本だが、医療制度を見る限りにおいては、けなげに保険料を払う日本人を置いてけぼりにした「お・ひ・と・よ・し」である。

なお、④については、令和元年（二〇一九）年の通常国会で改正健康保険法が成立し、原則として日本国内在住者だけが対象となったことで、この問題も少しは前進した。それまでは、日本人配偶者と結婚した外国人の親で、日本に生活基盤がなく、国内の医療機関を受診する機会が考えられない者までが、被扶養者として健康保険の対象になっていた。

改正法では、健康保険制度の原点に立ち返り、国内居住者が国内の保険医療機関を受診した場合に保険給付を行うよう、給付対象を厳格化した。これまで給付対象者には国内居住要件がなかっ

たため、一定の条件を満たせば母国に残してきた在留外国人の家族の医療費も日本の保険で支払われてきたのだ。企業の健保であれば、本国の三親等以内の親族を扶養に入れることもあった。これが不正の温床となっていたと見られるためだ。対象者が海外にいる場合では、血縁関係や、扶養実態の確認が難しく、そこに不正が横行する余地があった。そこで、改正健康保険法の施行によって、保険適用の対象を原則として、国内居住者だけに限定した。

次に、②の、放置されたままとなっている「なりすまし」問題を見てみたい。先にも書いたように、保険証には顔写真がない。別人かもしれないと思っても「本人だ」と主張されると、病院側は反論が難しい。「なりすまし」が見破られなければ、国保などに加入すれば、原則三割負担で済ますことが出来る。もちろん、非加入なら全額自己負担である。

これまた、冒頭の事件同様、兵庫県で起きた事件だが、神戸市に不法滞在していたベトナム人女性が平成二十六（二〇一四）年、日本在住の妹の国民健康保険証を利用して、エイズウイルス（ＨＩＶ）の治療を二年間受けていたことが発覚した。これには、一部自己負担を含む一千万円以上の医療費がかかったという。保険証には顔写真がないため、病院での本人確認には限界がある。その盲点を突いたわけだ。

この事実は平成三十（二〇一八）年八月、自民党の「在留外国人に係る医療ワーキンググループ」が行ったヒアリングで、神戸市の担当者から実例が報告されて発覚した。遅ればせながら厚生労働省は令和元年に入り、こうした不正事案の調査を開始した。ただ、外国人やその家族の健康状態を来日前に正確に把握するのは困難で、不正利用の実態把握は進んでいない。そんな中で、今回の事件も起きた。

そもそも、国民健康保険証に写真添付がないのは指摘した通りであり、自分で現住所を書き込めるものもある。このため、在留資格の真偽を、医療機関や保険者である自治体では把握しづらいし、すでに国保に加入している家族や知人になりすましても、医療従事者が加入者本人かどうかを識別するのは困難だ。

繰り返すように、健康保険は、みんなで負担しているという信頼で成り立っている。こうした不正を放置すれば、受益と負担のバランスは成り立たない。厚生労働省は費用と手間暇がかかることを理由に、保険証への写真添付や、旅券（パスポート）のようなＩＣチップの導入に否定的だが、今これを真剣に考えずして、いつやるのか。

日本政府、厚生労働省が、保険料を支払っている人が不公平感を抱かぬよう、医療保険制度の運用を図っていくのは当然である。政府は、医療機関や自治体など関係団体に対して改正法の周知徹底を図り、日本の医療保険制度を守っていかねばならない。

お蔵入りした家畜の大量盗難事件

医療費のタダ乗りだけではない。外国人による物騒な事件も相次いでいる。令和二(二〇二〇)

年の夏から秋にかけ、群馬県や栃木県で、子豚や子牛が大量に盗まれる事件が頻発した。

警察は窃盗容疑で捜査を始め、ベトナム人を何人か逮捕したが、全容解明に至らぬまま、お蔵入りである。夜間に慣れた様子で盗み出す手口には、共通点がある。誰が何のために盗んだのか。そして盗まれた豚や牛はどこへ消えたのか。

農家にとって、飼育する豚や牛は手塩にかけて育てた財産であり、経済的ダメージは計り知れない。群馬県の前橋市や太田市、伊勢崎市の養豚場などでは、七月上旬から八月にかけ、飼育されている豚七〇〇頭余りが盗まれた。群馬県警によると、狙われたのは主に、体重も軽く盗みやすい子豚だ。被害総額は約二千万円にのぼる。前橋市内で被害に遭ったのは「ユニット型」と呼ばれる簡易型の豚舎で、人がいない夜間に盗まれたと見られる。

栃木県足利市では、六月下旬に子牛二頭が盗まれ、牛舎内と周囲に計八つの防犯カメラを設置した直後に、再び被害にあったという。筆者は令和二（二〇二〇）年九月十一日、被害にあった栃木県足利市の農家を訪ねた。残暑が厳しく、無人駅から徒歩で二十分ほど歩いてたどり着いたのは、被害に遭った「鶴田ファーミング」（鶴田一弘代表取締役）だ。

事務所と牛舎、豚舎は車で五～六分のところではあるが、徒歩だとそこそこの距離があり、目に付きにくい場所にある。盗み出すのが深夜ともなれば、犯行はほぼ分からない。鶴田ファーミングはこのため、防犯カメラを設置したわけだが、それでも盗まれてしまった。

現場近くに設置された防犯カメラの映像には、深夜に白いワゴン車がそろりと近づいて停車し、中から三人が車外に出て牛舎に侵入、その数分後、三人の男が子牛を車に運んで盗み去る様子が記録されていた。子牛は前足と後ろ足を縛られた状態で男二人に運ばれ、暴れる様子はなかった。スタンガンのような電気ショックを与えて気絶させ、そのスキに運び去ったのだろうか。男の一人は小型ナイフを持っているようであり、その場で殺した可能性もある。何とも残酷だ。

鶴田さんは「大切に育ててきたので、家族を失ったような気持ち」と話し、「まだ食べるところもロクにない子牛を、どうしようというのか」と肩を落としていた。鶴田ファーミングが被害にあったのは子牛だが、周囲では豚の盗難被害も多発していた。こうした盗難には、豚熱《ぶたねつ》（CSF＝旧称は豚《とん》コレラ）など感染症拡大への懸念もある。群馬県の山本一太知事は、「消毒もせず外部から人が入ってくるのは危険。非常に深刻な事態だ」と危機感を示していた。

「鶴田ファーミング」の鶴田一弘社長。
後ろの白い柵にいた子牛が盗まれた。
＝2020.9.11、栃木県足利市（筆者撮影）

不思議なのは、計約七〇〇頭ともなれば、個人で消費するには多すぎるという点だ。どのように処理したのかも疑問が残る。

牛は耳に個体を識別する耳標がついており、盗んだ牛を市場で販売するのは、ほぼ不可能だ。豚も生きた個体であれ、精肉したものであれ、日ごろの信頼関係で売買が成立するため、正規に市場等で売買するのは難しい。自分たちの食用だとしても、被害頭数が多過ぎる。

さらに懸念されるのは、先述したように、感染が落ち着きを取り戻した豚熱の再発だ。盗まれた大量の豚が不衛生な場所に運び込まれて、それがイノシシを介して豚熱を流行させる可能性も捨てきれない。未感染地域に広がれば、なおさら被害は甚大だ。

逮捕されたベトナム人らの犯行は許されるべきものではないが、「コロナの影響で仕事がなくなった」との供述もあり、海外からの技能実習生たちが抱える問題も浮かぶ。

ある窃盗事件では、群馬県太田市の複数のベトナム人の関与が浮上した。リーダー格と見られる当時三十九歳の男は、「群馬の兄貴」を名乗り、SNSに豚や果物の写真と値段を掲載して、買い手を募《つの》っていた。

また、埼玉県上里町のアパートで違法に豚を解体した疑いで、ベトナム国籍の二十九歳の男も逮捕されている。男は元技能実習生で「来日時に七十万円借金し、返済できていない」「仕事をしたくても、コロナ禍で雇ってもらえなかった」と供述している。

厚生労働省によると、日本で働くベトナム人は令和元（二〇一九）年に四十万人に達している。法務省によると、技能実習生の失踪者数、不法残留者数、刑法犯検挙数では、同年までにベトナム人が最多となった。

実習生らの訪日費用は、ベトナム国内の規定に従えば五十万円程度に収まるというが、送り出し機関が訓練費、食費、寮費などの名目でそれ以上の金額をピンハネし、多額の借金を抱える例が後を絶たないという。

日本で真面目《まじめ》に働くベトナム人は、こうした大量の家畜窃盗事件をどう受け止めているのか。夕刊フジが、「真面目な」ベトナム人留学生に話を聞いているから、それを引用する（二〇二〇年十一月九日付 電子版）。

技能実習生として来日し、食品加工の工場で働くベトナム人男性（二十五歳）も、渡航の際に多額の借金を抱えた。「今の月収は十五万円ほど。その中で生活費、親への仕送り、借金の返済など出費も多い」というが、「きついけど、周りの日本人は優しいし、ベトナムにいたころより収入はいい。他の実習生と比べて自分は恵まれているほうだと思う」と語っている。ベトナム人逮捕のニュースについて男性は、「今回の事件に限らず、日本でベトナム人の犯罪を見ることは悲しい。SNSで犯罪まがいの求人が出ているのを見たこともある。知人の実習生も建設会社で働いていたけど、コロナで仕事を失ったと聞いた。苦しんでいることは分かる」という。

彼は、こんなことも言っている。

「ベトナム人の逮捕は、ベトナム人を見る目も変えてしまうかもしれない。真面目なベトナム人は多い。でもイメージが悪くなれば、周りの態度も悪くなって、働きにくくなるかもしれない。そうすれば、余計に悪い仕事に手を出す人が増えるかもしれない。それは忘れないでほしい」

第十章　目前に迫った「台湾有事」シミュレーション

シンクロする台湾併合とロシアのクリミア併合

台湾海峡有事が、ますます現実味を帯びてきた。中国軍の挑発が止まらないのだ。二〇二二年の冬の北京五輪・パラリンピックが終われば、何が起きてもおかしくない。国際社会でボイコット論もくすぶる中、大会を成功裡に済ませれば、もう世界に気兼ねする必要もなくなる。折から、中国の不動産開発大手「中国恒大」が経営難に陥るなど、中国経済に暗雲が漂い始めている。中国政府が国内の経済不安から人民の目をそらすため、いつなんどき、軍事侵攻による台湾併合という、野蛮な冒険に打って出るか分からない。想起するのは、二〇一四年三月のロシア軍によるウクライナ・クリミア半島への侵攻だ。ロシア・ソチで開催された冬季五輪後、パラリンピック前に軍事行動に出ていた事実だ。平和の祭典の閉幕を待たずに行われた点に留意すべきである。

さて、台湾の国防部は二〇二一年十月一日、台湾が設定する防空識別圏に、中国軍の戦闘機など延べ三十八機が進入したと発表した。NHKによると、一日に進入した中国軍機の数としては最も多く、一部は夜間に太平洋側にも回り込んだということで、中国軍の能力が向上しているという見方が出ているという。

台湾の国防部によると、一日の夕方までに、台湾の南西沖に設定している防空識別圏に、中国軍の戦闘機や爆撃機など延べ二十五機が相次いで進入した。その後、夜になっても延べ十三機が防空識別圏に入り、このうち戦闘機と爆撃機を合わせた十二機は、台湾の南西沖からフィリピンとのあいだに位置するバシー海峡の上空を通過して太平洋側にも回り込み、同じコースを引き返した。

台湾の新聞「中国時報」の電子版は「(十月一日の)国慶節に合わせ中国軍が軍事力を見せつけたと同時に、夜間に第一列島線の外側で台湾や他国の海軍と空軍の部隊を攻撃する能力があることを示している」という、専門家の分析を伝えている。米海軍のツイッターによると、同じころ、フィリピン周辺の海域を米軍の空母が航行中だったが、中国軍機の進入がこれと関係しているのかは不明としている。

こうした動きに対し、台湾の首相にあたる蘇貞昌行政院長は「中国は一貫して好戦的で、地域の平和を破壊している」と非難した。

実際、台湾有事に日本はどう対処すべきなのか。ここに興味深い事例がある。「一般社団法人・

日本戦略研究フォーラム」（屋山太郎会長）は令和三（二〇二一）年八月十四、十五の両日、東京都内で台湾・尖閣危機に際しての政策シミュレーション（演習）を実施した。閣僚経験者を含む国会議員、元政府高官、元陸上幕僚長や海上幕僚長経験者のほか、自衛隊の元将官が参加し、総理大臣など主要閣僚や自衛隊幹部の役割を演じ、官邸危機管理センターでのやり取りとして、日本の対応を検証した。

ここは、東かがわ市と北京市海淀外国語実験学校の問題など、筆者も時々寄稿させていただいている月刊「正論」（産経新聞社）から、筆者の見立てを織りまぜながら、しっかりと引用してみたい。というのも、これだけ具体的に、専門家が集まって政策シミュレーションしたことは過去になかったからである。身びいきで恐縮だが、月刊「正論」は本当に良い仕事をしていると思う。

さて、この戦略フォーラムの演習は、中国は可能な限り軍事行動には訴えない代わりに、サイバー攻撃を行い、台湾国内の工作員などを動員して台湾に騒乱を起こす――というものだ。日本や米国の介入を阻止するため、サイバー攻撃を実施するが、それでも日米両国が介入をやめない場合、在日米軍基地やグアムの米軍基地、米空母打撃部隊などの軍事目標を攻撃する。ただし、米本土は攻撃せず、米中核戦争を回避するため、両国は秘密交渉を始める――という設定になっている。

シミュレーションとはいえ、いずれも浮かび上がった課題は、現実的かつ切実だ。

【シナリオ1】航行の自由作戦

中国が反国家分裂法に基づき、台湾に武力介入する糸口を得るため、台湾本島の北と南で軍事演習、ミサイル発射を行うなど圧力をかけるとともに、台湾独立を掲げる第三政治勢力の支持層を拡大する工作を行い、台湾国内を不安定化させる。台湾海峡とバシー海峡に警戒区域を設置して軍事演習を行い、事実上、海峡を閉鎖する。米軍は中国海軍の演習海域に駆逐艦を派遣して牽制し、同盟国や友好国に両海峡でのプレゼンス拡大と「航行の自由作戦」への参加を要請した。

【シナリオ1への対策提言】

中国は演習と称しているが、戦争準備と見て警戒監視レベルを上げる。日米豪だけではなく、そこにインドを加えたQUAD《クアッド》、英国、太平洋に領土を持ち陸軍を駐留させるフランス、かつてインドネシアを植民地にしていた旧宗主国のオランダに働きかけ、中国の横暴を認めないという国際社会の意思を明確にする。船主協会から安全航行の確保について要請が出ており、保険料の上昇などは国が責任をもって補填する。尖閣諸島周辺の警戒レベルを引き上げる。シーレーンへの不安からデマが流れて、トイレットペーパーの買いだめなどが起きるので、供給不安はないとのメッセージを発していく。当該海域は公海上であり、航行の自由作戦への自衛隊の参加は、問題ない。単独でも活動する根拠があることを確認する。

【シナリオ2】経済界からの懸念

A新聞（どうみても朝日新聞）が、「南シナ海における海上自衛隊による米国、豪州艦隊との合同パトロールに中国の反発は必至」と報道。社説で「いつか来た道」と反対の論陣を張ったほか、「協力という赤紙がやってくる」という川柳を載せるなど、反対キャンペーンを展開した。世論調査でも参加への反対が賛成を大きく上回り、与党内に動揺が広がる。日本を揺さぶるために中国外務省報道官は「南シナ海への域外国の干渉に断固として反対する。日本政府は中国との友好関係を損なう行為を直ちにやめるよう求める」と発言した。

【シナリオ2への対策提言】

経済的観点から、中国との対決を望まない経済産業相から、航行の自由作戦への参加は慎重にすべきとの意見が出る。中小企業も不安になっている。経産相は、日本の基本的な考え方や今後の見通し、対応策について、しっかりと説明する必要があると主張した。しかし、抑止力の拡大に力点を置くべきと防衛相が主張して、作戦への積極参加を求める。台湾側との調整も水面下で入念に進める。作戦には具体的にどのように参加するのか。中国側に、日本政府の及び腰と受け取られないようにする必要がある。米紙は、「決められない日本に失望」と報道するが、首相は作戦への参加を決断すべきだ。日本の反日メディアや中国の恫喝に、ひるんではいけない。首相には、閣僚をまとめ、何が国益なのか、誰が信頼できる国家・友人なのか、地球儀を俯瞰《ふかん》した判断が求められる。

【シナリオ3】サイバー攻撃

防衛省をはじめ、中央省庁やそれらと契約関係にある企業へのサイバー攻撃が発生。攻撃者はネットワークを探索し、システム関連の脆弱性情報を窃取した。太陽光発電の遠隔監視・制御システムに脆弱性が見つかったとして、各メーカーがユーザーに制御ソフトのアップデートを呼びかけた。だが、石垣島の太陽光発電所でシステム障害が発生し、発電が停止。宮古島でもメガソーラー実証研究設備にシステム障害が起きて発電停止。長崎県ではダムの遠隔監視装置に不具合が発生、異常放水が起きた。

【シナリオ3への対策提言】

攻撃は最大の防御。相手の安保上の機能を弱めるため、サイバー上に限定した攻撃は、十分に政策としてあり得る。米国に頼らず、自ら対処していく態勢を整えるべき。ただ、憲法二十一条に「通信の秘密」がある。これをどう乗り越えていくかが課題。攻撃先をたどって攻撃するアクティブ・ディフェンス（能動的防御）という考え方もある。ニュージーランドはこの手法をとって、自分ではやらないが、攻撃は米国に依頼している。克服すべき課題は多いが、米国などと緊密に連携すべきである。

【シナリオ4】核の持ち込み

米国防長官から防衛相に「一時間以内に大統領から電話があるだろう」と事前予告。一時間後に、ホワイトハウスから首相官邸に電話が入る。大統領は「台湾海峡危機を防ぐために、米本土から長距離弾道ミサイル、対艦巡航ミサイルを在日米軍基地に持ち込みたい」と要請してきた。この情報がD通信社にリークされ、「米、日本への核持ち込みを要請」と打電した。翌日、新聞各紙は一面トップで報じ、A新聞は「非核三原則は国是」、B新聞（毎日新聞か）は「ヒロシマ、ナガサキを忘れるな」との見出しで、核持ち込みに反対の論陣を張った。C新聞（産経新聞だろう）は、「真価問われる日米同盟」とし、持ち込みを認めるよう主張した。

【シナリオ4の対策提言】

米政府は核兵器の配備について、肯定も否定もしない方針を貫いている。核持ち込みは事前協議の対象だが、協議の要請がない以上は、日本も米政府の方針を尊重すべきだ。ただ、日本政府として認めるなら、相当腹を固める必要がある。中国国内の邦人の安否も相当危うくなる。邦人退避もしっかり考えておく必要がある。核持ち込みを認めれば、日本は中国から弾道ミサイルの標的にされてしまうという慎重論が出る。これに対しては、中国こそ、そんなことをすれば、それ相応の攻撃にあうということを説明すればよい。大事なことは、中国側に、日本は脅せば折れてくるという弱さを見せてはいけないことだ。そのようなことになれば、中国は事態をエスカレートさせる誘惑にかられてしまう。核持ち込みの是非は、首相が責任をもって認めるべきである。

【シナリオ5】邦人保護

米政府は中台の軍事衝突の危機があると国家安全保障会議（NSC）経由で日本政府に通報。同時に、非戦闘員退避活動（NEO）への協力を要請した。台湾には米国人約五千人を含む米企業関係者約六万人が滞在。日本も駐在員、観光客を含む、約五万人が台湾に滞在していた。米政府によるNEO情報に接した中国政府は、「台湾は中国の一部であり、台湾省内に居住・滞在する外国人保護は中国政府が責任をもって管理する。必要があれば、中国の民航機、民間船、あるいは中国軍用輸送機を使用して、中国本土あるいは日本、フィリピンなど、希望する近隣諸国に移送する。したがって在台外国人は、中国政府が指定する地域に移動・待機することを期待する」との声明を発表した。

【シナリオ5の対策提言】

NEOへの協力に対する、中国の猛烈な反発が予想される。米側からは、南西諸島、九州、本土を、避難場所として提供するよう要請されるだろう。日本自身も、多くの邦人が台湾に滞在しており、米への協力支援とともに、邦人救出作戦は大きな作戦となる。輸送機や艦船が、どこまで入っていけるのかという問題もある。邦人保護の観点で言えば、最も危険にさらされるのは、中国本土にいる邦人である。これをどうやって保護するのかが課題だ。まずは日本政府、外務省の退避勧告を含め、企業判断による早期の帰国も望まれる。また、問題は海外にいる邦人の保護だけではない。台湾や尖閣諸島に近い、先島《さきしま》諸島の住民約十万人を、いかに広域避難させるのかも検討課題だ。

以上、月刊「正論」編集部がまとめた、戦略フォーラムによる演習のシナリオと、その対策について、一部を紹介した。専門家集団によるシミュレーションとあって、かなり説得力が高いものになっている。

とかく台湾有事というと、「日本も巻き込まれるのではないか」などという能天気な声が、そこかしこから聞こえてくるが、台湾有事は尖閣有事であり、日本有事である。まずはそういう「当たり前の認識」を、一人でも多くの日本人と共有しておきたい。

「シナリオ3」のサイバー攻撃でも言及したが、台湾有事で起こるのは、日本本土における中国人民解放軍による攪乱である。本土のダムだけではない。原子力発電所や新幹線、空港、あらゆる公共機関、施設が、一斉に攻撃されると認識すべきだ。しかし、その覚悟は残念ながら、今の日本人にはできていないように思われる。

台湾と日本は一心同体である。中国共産党どころか、漢民族ですら蛮族の住む「化外《けがい》の地《ち》」として、一度も統治したことのないのが台湾である。筆者には、それが「中国の不可分の一部」だとは到底認められない。民主的な選挙で総統を選び、自由と民主主義を掲げる自由世界の仲間を見捨てるわけにはいかないのである。だから日本人も、心して台湾有事を考えていく必要がある。

政治家、とりわけ自民党の親中派、反対するばかりの野党も、どうすればこの国、地域を守り抜くことができるのかを、しっかり考える責任がある。ウイグル弾圧などで、中国共産党批判の声を自民党以上に上げていた日本共産党も、イデオロギーに拘泥《こうでい》している場合ではない。国民を守るために、是々非々で立ち上がる意気地を見せてもらいたい。

おわりに

二〇二一年九月、広東省深圳市に本社を置く不動産開発大手の「中国恒大集団」が経営危機に陥ったとのニュースが駆け巡った。かねて言われていた中国国内の不動産危機への懸念が、現実となって現れたのである。中国恒大の英語名は「チャイナ・エバーグランデ・グループ」で、香港証券取引所に上場している。二〇二〇年十二月期の売上高は、五〇七二億元（約八兆六千億円／一元＝十七円換算）で、従業員は約二十万人にのぼる。保有している土地は「東京二十三区のおよそ三分の一の規模」という。最近では、プロサッカークラブ「広州ＦＣ」の運営や、電気自動車の開発にも乗り出していた（日経ビジネス九月三十日付 電子版）。まさに巨象であり、その実態は虚像だったことが浮き彫りになった。

気になるのは、リーマンショックのような世界的な金融危機になるのかどうかだ。先の日経ビジネスによると、そうはならないというのがコンセンサスだという。中国恒大は事業法人であって、金融機関のリーマン・ブラザーズとは異なるからだと。中国の不動産市況が多少冷え込んでも、グローバルな経済活動が一気に縮むとは考えにくいとし、「あくまで中国の不動産業の問題」

（日銀の黒田東彦《はるひこ》総裁）との指摘もある。ただ、経営破綻のドミノが発生して金融機関や市場関係者のあいだでパニックが生じるようなら、経済危機につながる可能性も否定できないという。

中国経済に関しては、以前から日本国内でも、経済評論家らが、たびたび警鐘を鳴らしてきた。それが、いよいよ現実のものとなって、面前に現れてきたというのが実感だ。日本にとって、台湾有事、尖閣有事という、今そこにある危機もさることながら、「静かなる侵略」「目に見えない侵略」、さらには今取り上げた中国経済も、見過ごせない不安定要因である。連鎖破綻や金融システム不安につながれば、世界経済に重大な影響を及ぼしかねないのだから、ことは深刻である。

もっと恐ろしいのは、経済危機による国内の政権批判を回避するため、習近平国家主席が台湾への武力侵攻などの冒険心にかられることだ。古典的な手口であるが、十分あり得るシナリオであることは、本書でもその蓋然性の高さを指摘したが、実際、習氏は台湾について、「完全な統一を実現することは、党の歴史的任務だ」と強調している。国家安全維持法（国安法）で息の根を止めた香港についても、「これからも民主運動を取り締まる国安法の履行により、長期的な繁栄と安定を維持する」と語っている。

どこまでも危険な独裁者である。習氏は、健康上の理由で第一線を退かない限り、たえず日本と日本人の敵となって、われわれの平和と安全を脅かす存在であり続けるだろう。それを抑止する上で頼るべき同盟国、米国も心もとない。アフガンから撤退し、アジア・シフトに移りつつあるとはいえ、オバマ政権以降、「世界の警察官」役を放棄した米国が、どこまで本気で東アジアの平和と安定に関与していくのかが不明なためだ。日本は、いつまでも親のスネをかじるドラ息子的な甘えた考えを今すぐ捨て去り、防衛装備の拡充・向上は当たり前、自分の身は自分で守るという、自然界ではごく当たり前の行動を取る方向に、舵を切らねばならない。

まずやるべきは、憲法改正である。自衛隊ひとつ認めることのできない条文を後生大事にいただく今の日本国憲法は、憲法と言えるのか。逆に、将来の日本の安全を脅かすブレーキとなっているのだから、何をかいわんやだ。

われわれが、中国による日本侵略を阻止するために目くばりをしなければならない課題や分野は多岐にわたる。これを思うとき、いつも思い出されるのは、元産経新聞記者で、一面コラム「産経抄」の執筆者だった石井英夫氏の「新聞記者は、鳥の目と虫の目を持ち合わせなければならない」という言葉だ。これは新聞記者だけでなく、すべての人に当てはまる言葉だと思う。

人間はとかく、自分の理解できる範囲だけを見て、近視眼的に物事を判断するきらいがあるように思う。多角的に物事を見ることが大切なことはもちろん、現場に足を運んで取材していて思うのは、靴底をすり減らして多くの関係者に取材するのは当たり前、鳥のように大空から、大地を俯瞰することも大切であるということだ。新人記者が座右の銘にするレベルの、単純な教えではあるが、海外に留学し、特派員として米国の中心から日本を眺めたりしていると、つくづく、この教えは正鵠を射ていると思う次第なのである。

今回はコロナ禍でもあり、なかなか思うように取材ができなかったが、突然の取材依頼や要請にもかかわらず、また、悪く書かれるかもしれないことを承知で、対面や電話で快く応じてくださった関係者の方々には、衷心より御礼を申し上げたい。とりわけ、土地勘も人脈もない中で、熱心に取材協力を買ってくださった香川県の方々のほか、日本に住む中国出身の友人たちに感謝の気持ちを伝えたい。

本書は、産経新聞の論説委員として取材や執筆をしながら書き下ろした。職場の上司や同僚、とりわけ、政治部での駆け出し時代から温かく、ときには厳しく指導していただいた産経新聞の先輩、乾正人論説委員長に、この場を借りて御礼申し上げる。

また、出版不況の折、四度にわたって警世の書を世に問う機会を与えていただいたハート出版の日高裕明社長、いつも背中を押してくださった編集長の是安宏昭氏と同社のみなさまに、深く御礼を申し上げたい。

◇著者◇

佐々木類（ささき・るい）

1964年、東京都生まれ。

産経新聞・論説副委員長。

早稲田大学卒業後、産経新聞に入社。事件記者として、警視庁で企業犯罪、官庁汚職、組織暴力などの事件を担当。地下鉄サリン事件では独自の取材網を駆使し、オウム真理教を刑事・公安両面から追い込むなど、特ダネ記者としてならす。

その後、政治記者となり、首相官邸、自民党、野党、外務省の、各記者クラブでのキャップ（責任者）を経て、政治部デスク（次長）に。

この間、米紙「USA TODAY」の国際部に出向。米国テネシー州のバンダービルト大学公共政策研究所 日米センターでは、客員研究員として日米関係を専門に研究した。

2010年、ワシントン支局長に就任後、論説委員、九州総局長兼山口支局長を経て、2018年10月より論説副委員長。

尖閣諸島・魚釣島への上陸、２度にわたる北朝鮮への取材訪問など、徹底した現場主義を貫く一方で、100回以上の講演をこなし、論説委員時代には、読売テレビ「たかじんのそこまで言って委員会」に出演するなど、産経新聞屈指の論客として知られる。

著書に『静かなる日本侵略』『日本が消える日』『日本復喝！』（ハート出版）、『日本人はなぜこんなにも韓国人に甘いのか』『ＤＪトランプは、ミニ田中角栄だ！』（アイバス出版）、『新・親日派宣言』（電子書籍）、共著に『ルーズベルト秘録』（産経新聞ニュースサービス）などがある。

チャイニーズ・ジャパン

令和３年12月16日　　第１刷発行
令和４年２月26日　　第３刷発行

著　者　　佐々木 類
装　幀　　フロッグキングスタジオ
発行者　　日高裕明
発　行　　株式会社ハート出版

〒171-0014 東京都豊島区池袋3-9-23
TEL03-3590-6077　FAX03-3590-6078
ハート出版ホームページ　http://www.810.co.jp

ISBN978-4-8024-0130-2　　印刷・製本 中央精版印刷株式会社

静かなる日本侵略

中国・韓国・北朝鮮の日本支配は ここまで進んでいる

佐々木類 著

ISBN 978-4-8024-0066-4　本体 1600 円

日本が消える日

ここまで進んだ中国の日本侵略

佐々木類 著

ISBN 978-4-8024-0085-5　本体 1600 円

日本復喝！

中国の「静かなる日本侵略」を撃退せよ

佐々木類 著

ISBN 978-4-8024-0104-3　本体 1500 円

漢民族に支配された中国の本質

なぜ人口侵略・ジェノサイドが起きるのか

三浦小太郎 著

ISBN 978-4-8024-0127-2　本体 1400 円

vs. 中国（バーサス・チャイナ）

第三次世界大戦は、すでに始まっている！

山岡鉄秀 著

ISBN 978-4-8024-0119-7　本体 1500 円

国を守る覚悟

予備自衛官が語る 自衛隊と国防の真実

木本あきら 著

ISBN 978-4-8024-0116-6　本体 1400 円

日本の南洋戦略

南太平洋で始まった 新たなる〈戦争〉の行方

丸谷元人 著

ISBN 978-4-89295-927-1　本体 1900 円